대한민국임시정부의 이론가

조소앙

대한민국임시정부의
이론가

조소앙

| 김기승 지음 |

조소앙이 살았던 시기는 한국이 강대국 간의 전쟁 속에서 국가와 민족이 해체되고 기본적인 인권과 생존권을 빼앗겼던 희생과 고통의 시간이었다. 조소앙은 청일전쟁, 러일전쟁, 제1차 세계대전, 만주사변, 중일전쟁, 태평양전쟁, 6·25전쟁 등 일곱 차례의 전쟁을 겪었으며, 한국, 일본, 중국에서 살았다. 그런데 한국은 조선에서 대한제국, 다시 대한민국으로 바뀌었고, 조국이 분단됨에 따라 남북한 두 곳에서 살아야만 하였다. 한국과 그 주변에서 일어난 수차례의 전쟁으로 인해 한국은 국가의 안정성을 확립하지 못하였고, 그로 인한 피해와 고통은 고스란히 한국인인 그에게 주어졌다. 그러나 그는 비극적 상황에 정면으로 맞서 싸우면서 한국인 모두가 자유롭고 평등한 국가를 건설하고 나아가 세계 인류의 평화를 실현하기 위한 고투를 멈추지 않았다.

조소앙은 민족의 독립과 통일을 한 국가와 민족에만 국한된 특수한 문제로 파악하지 않고 보편적 인류애에 기초한 세계 평화라는 보다 거시적인 문제의 일환이라고 보았다. 또한 국내외의 정치 문제만으로도 해결될 수 있는 문제가 아니라 사회적·경제적 문제인 동시에 종교와 철학과 관련된 문제라고도 파악하였다.

오히려 그는 민족 문제를 해결할 수 있는 실마리를 종교와 철학이라는 관점에서 찾았다. 그는 민족과 세계의 문제를 인간의 인생관 및 세계관과의 관련 속에서 파악하였다. 이 점에서 그의 독립운동은 도덕적·철학적 의미를 지닌 민족주의적 정치 행위였다. 이러한 맥락에서 그의 독립운동 이론은 항상 인류의 인권 신장과 세계 평화 실현을 지향하였다.

조소앙이 독립운동 과정에서 일관되게 추구했던 민족적 특수성과 세계적 보편성의 결합은 삼균주의 제창으로 결실을 맺었다. 삼균주의는 '균등'을 핵심 가치로 삼는 사상 체계로서 세계 인류의 보편주의 관점에서 한국의 독립 문제를 해결하려는 과정에서 탄생하였다. 삼균주의는 한국의 독립운동 진영에서 나타난 이념적 대립과 계급적 갈등을 해소하여 민족의 통일을 추구하는 데만 머물지 않고 민족과 민족, 국가와 국가의 대립과 갈등을 해결하여 세계 평화를 실현하는 것을 궁극적 목표로 삼았다. 조소앙은 이러한 삼균주의를 토대로 한민족의 독립이 세계 평화를 실현하는 바탕이 된다는 점을 국제사회에 역설하였다. 그 결과 연합국은 제2차 세계대전 이후 세계 평화를 위해 한국의 독립을 보장하게 되었다.

　조소앙은 식민지라는 암울한 현실에서 희생과 고통을 감수하면서 미래 한국에 대한 희망을 잃지 않았다. 그는 독립운동을 하면서 자신과 민족, 나아가 세계의 존재 의미를 깨달아 갔으며, 독립된 한국의 모습을 구체화하였다. 그가 그린 한국의 미래상은 대한민국임시정부의 「대한민국건국강령」으로 표현되었다. 오늘의 대한민국은 3·1운동과 대한민국임시정부의 법통을 계승하고 있다. 이 점에서 그는 대한민국이 발전할 수 있는 토대를 닦은 업적을 남긴 독립운동 이론가이며 실천가였다.

2015년 12월

김기승

출생과 성장

기호학파 양반 가문에서 태어나 충의 정신을 함양하다

조소앙趙素昻(1887~1958)은 경기도 교하군(현 파주시) 월롱면에서 아버지 조정규趙禎奎(1864~1939)와 어머니 박필양朴必陽(?~1939) 사이에서 6남 1녀 중 차남으로 태어났다. 본관은 함안咸安이다. 함안 조씨는 당나라 말기 중국에서 신라로 이주한 뒤 왕건王建(877~943)을 도와 고려의 개국공신이 된 조정趙鼎을 시조로 모신다. 조정의 10세손인 조열趙悅은 이색李穡(1328~1396), 정몽주鄭夢周(1337~1392) 등과 교류한 인물로 여말선초에 고향 함안에서 은거하며 고려 왕조에 대한 충절을 지켰다. 조열의 손자 조려趙旅(1420~1489)는 생육신의 한 사람으로 단종端宗(1442~1457)에 대한 충절을 지켰다. 조려는 세조가 단종을 폐위시키고 왕위를 차지하자 이에 반대하여 벼슬을 버리고 고향 함안에 은거하였다. 그리고 낚시를 즐기면서 절개를 지킨다는 뜻으로 스스로 어계漁溪라는 호를 지었다. 조소앙은 어계공 조려의 17대손이다.

조선 중기 이후 조소앙의 선조는 당색으로는 노론, 학통으로는 기호학파에 속하였다. 조소앙의 9대조인 조봉원趙逢源(1608~1691)은 김상헌金尙憲(1570~1650)의 문인이었으며, 그의 셋째 아들 조송趙松

조소앙의 모친 박필양과 부친 조정규 중국 망명 시기의 모습이다.

(1661~1722)은 송시열宋時烈(1607~1689)의 제자였다. 조송은 조소앙의 9대 조가 되는데, 김창집金昌集(1648~1722), 김창협金昌協(1651~1708), 김창흡 金昌翕(1653~1722) 등 당시 기호학파의 대표적 학자들과 교류하였다. 조송 은 경종景宗(1688~1724) 대인 1722년에 연잉군延仍君(후에 영조, 1594~1776) 을 왕세제로 책봉할 것을 주장하다가 소론 측의 공격으로 화를 입은 이른바 신임사화辛壬士禍에 연루되어 노론 대신들과 함께 옥사하였다.

조정규는 15세인 1878년에 박필양을 배필로 맞이하였다. 박필양은 반남 박씨로 조선 태종 때의 공신인 박은朴訔(1370~1422)의 후손이다. 조 정규과 박필양은 경기도 양주군 동면 황방리에 살다가 나라가 멸망한 뒤 에 중국으로 건너가서 조소앙과 함께 독립운동에 참가했다가 1939년에 함께 작고하였다. 두 사람은 충절을 함안 조씨 가문의 자랑스러운 전통

조소앙의 큰형 조용하

으로 생각했다. 그래서 그들은 자식들에게 충절의 전통을 계승하도록 교육시켰고, 슬하의 자녀 7명을 독립운동가로 키워냈다.

조소앙의 본명은 용은鏞殷으로, 항렬자行列字인 용鏞을 사용한 이름이다. 남자 형제만 여섯인데, 형은 조용하鏞夏(1882~1939)이며, 남동생들은 조용주鏞周(1891~1937), 조용한鏞漢(1894~), 조용진鏞晉(1901~), 조용원鏞元, 時元(1904~1982)이고

여동생은 조용제鏞濟, 慶順(1898~1948)이다. 형제들의 이름은 모두 중국 역대 왕조의 이름을 빌린 것이다. 조소앙의 이름인 조용은은 중국의 두 번째 왕조인 은나라 이름을 빌렸다.

조소앙의 형제들은 대부분 나라가 망한 후 국외로 망명하여 독립운동에 참가했다. 큰형 조용하는 주로 하와이에 거주하면서 동생 조소앙과 긴밀한 연락을 주고받으며 독립운동을 전개했다. 동생 조용주는 중국에서 조소앙과 함께 독립운동에 참가했는데, 국내에 비밀리에 출입하면서 형의 독립운동을 도와주었다. 여동생 조용제는 조경순이라는 이름을 사용하기도 했으며, 1929년에 중국으로 망명하여 조소앙과 함께 한국독립당 당원으로 활동하였다. 막냇동생 조용원은 조시원이라는 이름을 사용하면서 주로 중국에서 활동하였는데, 한국독립당 간부와 광복군으로 복무하였다. 대한민국 정부에서는 조소앙과 형제들을 독립유공자로 포

상하였다. 조소앙은 대한민국장, 조용하는 독립장, 조용주는 애국장, 조용제는 애족장, 조시원은 독립장을 받았다. 조소앙의 7남매 중 5명이 독립유공자로 포상을 받았으니 가히 독립운동의 명가라고 할 수 있다.

조소앙의 자字는 경중敬仲이며, 호는 아은亞隱, 아은거사亞隱居士, 상담생嘗膽生, 소앙嘯卬·蘇卬·素卬·素昻, 소해嘯海, 한살림韓薩任, 아나가야후인阿那伽倻後人 등 여러 개를 사용했다. 호는 스스로 지었는데, 아은과 아은거사는 아시아의 숨어 있는 사람이라는 뜻이며, 소해는 바다에서 휘파람을 분다는 뜻으로 새롭게 펼쳐진 넓은 세계에서 활약하게 되는 자신의 미래를 그린 것이다. 상담생은 와신상담臥薪嘗膽이라는 고사에서 따왔다. 나라가 망한 후 비분강개하면서 반드시 독립을 이루고야 말겠다는 구국의 다짐이 담긴 호이다. 그리고 일본 유학 시기에 기독교를 수용하면서부터 사용한 소앙嘯卬·蘇卬은 예수를 섬기면서 살겠다는 각오를 담고 있다. 일본에 유학한 이후 새로운 세계에 눈을 뜨면서 자신을 새롭게 만들기 위한 각오가 담겨 있다.

그런데 1920년대부터는 '素卬'과 '素昻'을 함께 사용하다가 '素昻'으로 통일하여 사용하였다. 즉, 예수라는 특정 종교나 인물에 대한 숭배 관념을 벗어나 희고 밝다는 보다 일반적 의미를 갖는 호로 바꿈으로써 자신의 미래 가치를 좀 더 보편화하겠다는 의식을 보여준다. 한살림은 1920년대에 사회주의 사상을 수용하면서 사용한 호인데, 공생公生, 공산共産, 공산公産, 일가一家를 뜻하는 순우리말인 '한살림'을 한자어로 표기한 말이다. 아나가야후인은 자신의 관향貫鄕이 옛 가야 땅인 함안임을 표시한 것이다.

할아버지로부터 충의의 가풍을 전수받다

조소앙은 조선시대 절의파의 절의정신을 계승하면서 의리와 예의를 중시하는 노론 기호학파 조송의 7대 종통을 이은 종가에서 둘째 아들로 태어났다. 그런 덕분에 그는 유교적 소양을 중시하고 예의범절과 실천을 중시하는 가풍 속에서 성장하게 되었다. 증조부 조맹식趙孟植은 효성으로 이름이 높았고, 조부 조성룡趙性龍(1828~?)과 조모 해평 윤씨는 부부 사이의 예의범절이 모범적이었다고 한다. 조소앙은 6세부터 16세까지 경기도 양주군(현재의 양주시) 동면 황방리 집에서 할아버지로부터 한학을 배웠다. 그는 사서오경을 중심으로 한 유교 경전은 물론 제자백가서를 두루 교육받음으로써 풍부한 유교 지식인으로서의 소양을 갖추게 되었다. 조부의 가르침은 생활 속에서 쉽게 깨닫고 실천할 수 있도록 자상하면서도 엄정했다. 그가 일본 유학 시기에 쓴 『동유략초東遊略抄』라는 일기에는 조부와 관련된 두 가지 일화가 전해지고 있다.

조부는 일본에서 유학 중에 여름방학을 맞아 1906년에 귀국한 손주에게 닭의 4가지 덕목에 대해 이야기해 주었다. 즉 "닭은 울음에 때를 잃지 않으니 믿음이 있고, 적을 만남에 반드시 싸우니 용기가 있으며, 머리에 아름다운 관을 쓰고 있으니 아름다움이 있으며, 먹을 것을 보고 벗을 부르니 의로움이 있다"는 것이었다. 이처럼 할아버지는 손주에게 집에서 기르는 닭을 보면서, 닭과 같은 동물도 도덕을 지키며, 도덕적인 삶은 아름답다는 가르침을 주었다. 동물이 아닌 인간, 그것도 선비된 자라면 모름지기 도덕을 지키는 일이 가장 중요하다고 가르쳐 준 것이었다.

또 하나의 일화는 1911년 2월의 일이다. 그때는 국망 직후였고, 조소앙이 일본 유학생 대표로 합방반대운동을 전개하다가 실패한 직후이기도 했다. 부강한 나라를 만들어 국권을 회복하기 위해 일본에 유학을 왔는데, 일본이 한국의 국권을 강탈한 것이었다. 그는 침략국가에서 침략국의 법을 공부해야 한다는 실의에 빠져 갈피를 잡지 못하고 정신적으로 방황하고 있었다. 그러던 어느 날 그는 할아버지 꿈을 꾸었다. 할아버지가 꿈에 나타나 야단을 쳤다. "너는 어찌하여 바깥 사물에 빠져서 마음을 풀어 놓고 책을 읽지 않느냐?" 할아버지는 소리를 지르면서 지팡이로 때리면서 그를 울타리 안으로 몰아넣고는 "방심하지 말고 집중하여 흐트러짐 없이 배움을 구하라!"고 훈계하였다. 이에 그는 죄송하고 두려움에 몸둘 바를 몰라 하면서 『시경』을 읽었다. 할아버지가 계속해서 제대로 공부하는지 지켜보신다는 생각에 무서워하면서 집중해서 책을 읽는 꿈을 꾸었던 것이다.

이런 꿈을 꾼 다음 날 우연히 서가에 꽂혀져 있는 『논어』가 눈에 띄어서 읽었는데 너무 감동적이고 깨우치는 바가 많아 하루 종일 밤새도록 다 읽었다. 『논어』를 읽은 뒤 조소앙은 정신적 방황을 극복하고 "나는 공자를 배워 이 세상이 목탁이 되고 싶다"는 굳은 결심을 하였다. 이때 읽은 『논어』는 한평생의 지침서가 되었다. 그는 이 꿈을 공자가 꿈속에서 주공周公을 만난 것에 비유하였다. 이후 그는 공자와 같은 성인이 되는 것을 삶의 목표로 삼게 되었다. 그에게 있어 조부는 인생의 의미를 깨닫게 해 주고 삶의 목표를 제시해 주는 스승과 같은 존재였다.

그리고 아버지 조정규는 종9품인 다릉 참봉 벼슬을 함으로써 다시금 집안을 일으킬 수 있는 바탕을 마련하였다. 조정규의 자는 치상致祥인데, 이는 상서로움을 이룬다는 뜻이니 참봉 벼슬로 집안의 경사를 맞이했다고 보면 뜻이 서로 통한다고 할 수 있다. 호는 이화재理化齋로, 도리로 교화 또는 감화하는 집이라는 뜻이니 도덕적 의리를 실천하겠다는 굳은 의지가 나타난다. 조정규는 나라가 망하자 중국으로 망명하여 독립운동을 전개하였는데, 극심한 생활고를 겪으면서도 의연함을 잃지 않았으며, 자식들에게 사리사욕을 멀리하고 공공의 도덕을 중시하는 멸사봉공의 의리 정신을 가르쳤다. 조소앙은 아버지의 삶과 가르침이 함안 조씨의 유풍과 닮은 것이었다고 했다.

조소앙은 후일 절의파와 생육신의 후손인 함안 조씨의 가풍을 "충성심과 효도에 아주 뛰어나며, 참됨을 지키고 명분에 편안해 하며, 지극히 공평하며 매우 독실하다"고 설명하였다. 그는 생육신 조송의 7대 종가에서 태어나 10여 년의 소년기를 할아버지와 아버지로부터 가학과 가풍을 생활로 체득하였다. 조소앙이 이국 땅에서 온갖 고초를 겪으면서도 지조를 굽히지 않고 구국 충정의 의리, 진실, 명분, 공평무사의 가치를 일관되게 지킬 수 있었던 것은 충의를 최고의 가치로 여기는 함안 조씨 종가의 가학과 가풍의 가르침이 있었기 때문이다.

성균관 경학과에 입학하여 유학을 배우다

조소앙은 16세가 되자 가학 위주의 배움에서 벗어나 세상으로 나와 견문을 넓혔다. 1902년의 시점에서 양반 가문의 청년이 선택할 수 있는 길은 유교의 전통적 가치를 그대로 지키는 보수주의를 견지하거나 유교를 부정하고 기독교 등을 수용하면서 급진적 개화의 길을 선택하는 것이었다. 그러나 1897년에 수립된 대한제국은 '구본신참舊本新參'이라 하여 옛날의 전통을 기본으로 하면서 새로운 문물을 참작하여 시행하는 절충주의 노선을 취하였다. 이에 따라 대한제국에서는 신진 근대 관료 양성을 위해 세계 각국의 언어를 배우는 외국어학교 등 신식학교를 만드는 한편 성균관 교육에서도 유교 경전과 함께 세계사와 세계지리 등을 교육하도록 하였다. 조소앙의 집안은 서울과 가까운 경기도 양주에 살고 있었기 때문에 이러한 대한제국의 교육 정책의 변화에 빠르게 적응하였다.

조소앙보다 13살 연상의 종숙 조원규趙元奎(1874~?)는 15세에 진사시에 합격한 후, 1895년 일본에 유학하여 신학문을 배웠다. 일본에서 귀국한 후에는 법부와 탁지부 주사를 지내다가 관립일어학교를 졸업하였으며, 1900년대에는 외국어학교 부교관과 교관 등을 지냈다. 또한 조소앙보다 5세 연상인 큰형 조용하도 15세까지는 조부로부터 가학을 배운 후, 16세인 1897년에 한성불어학교를 3년만에 졸업하고, 관립법무학교에 다니다가 독일 주재 한국공사관 서기로 근무하였다.

16세 소년 조소앙에게 일본어, 프랑스어, 독일어 등의 외국어나 세계지리와 국제 정세에 대한 지식과 정보는 이미 집안 가까이 다가와 있었다. 그런데 그는 종숙과 큰형처럼 외국어학교를 선택하지 않았다. 그는 1902년 7월에 성균관 경학과에 입학하였다. 조소앙은 함안 조씨의 8대 종손인 큰형보다 유교 중심의 전통적 교육에 더 호감을 가졌던 것이다.

성균관 경학과는 1895년부터 새롭게 개편되었다. 종전처럼 유교 경전 학습을 위주로 하면서도 근대적 지식도 함께 가르쳤다. 이것은 유교 진흥을 위해 국제정세에 대한 신지식을 습득한 유학 전공자를 양성하기 위함이었다. 성균관 경학과에서는 '22세 이상으로 품행이 바르며, 지기志氣가 확고하며, 의리가 명쾌하며, 시대 의식이 있는 자로 입학 시험에 합격한 자'로 입학 자격에 제한을 두었다. 그리고 경학 학습 능력뿐만 아니라 도덕성, 목표 의식과 같은 인성이 중시되었다. 시대 의식이 있는 자여야 한다고 함으로써 새로운 시대의 흐름에 부응하여 새로운 변화를 추구하는 진취적인 학생을 선발하려고 하였다.

그러나 성균관은 22세 이상이어야 입학할 수 있었으므로 16세였던 조소앙은 연령 미달로 입학 자격이 없었다. 그럼에도 그는 입학이 허용되었는데, 추천제도가 작용했기 때문으로 생각된다. 성균관 입학 지원자는 반드시 보증인과 추천인이 있어야 했다. 서울에 거주하는 근거 확실한 호주戶主의 보증을 받거나 학부 소속 관원의 추천을 받아야 했다. 종숙 조원규는 마침 학부 소속의 외국어학교 부교관이었다. 따라서 그가 조카의 품성과 자질을 보증하고 추천했으므로 나이가 어림에도 불구하고 입학할 수 있었던 것으로 보인다.

조소앙이 성균관에서 수학한 교과목은 사서삼경, 사서史書, 본국사, 본국지지, 만국역사·지지, 작문, 산술 등이었다. 사서삼경은 『논어』, 『맹자』, 『대학』, 『중용』의 사서와 『시경』, 『서경』, 『주역』의 삼경이었다. 사서史書는 『춘추좌씨전』, 『사기』, 『강목』, 『속강목』, 『명사明史』 등 중국사 과목이었다. 사서삼경과 사서는 조선시대부터 전통적으로 성균관에서 가르치던 교육으로 가장 기본적인 과목이었다.

작문 과목에서는 공무를 보거나 일상생활에 필요한 서류를 작성하고, 신문기사나 논설을 쓰는 훈련을 하였으며, 경전의 뜻을 논하는 논설문 쓰기 등을 훈련하였다. 당시의 공문서나 『황성신문』 등에서는 국한문 혼용체가 사용되고 있었다. 그리고 사서삼경 교육에서는 언해본으로도 학습을 하였다. 그는 성균관에 입학하면서 한문을 우리식으로 읽고, 국한문 혼용체로 글쓰기 훈련을 하였다.

또한, 우리나라의 역사와 지리를 별도의 교과목으로 비중 있게 편성하여 세계사와 세계지리를 하나의 교과목으로 편성하였다. 그리고 산술 과목의 교육 내용은 더하기, 빼기, 곱하기, 나누기, 비례배분 등이었다. 이처럼 성균관은 유교 경전과 역사서에 대한 전문적 지식 외에 국제 정세에 대한 지식과 행정 실무 능력을 갖춘 인재를 양성하기 위한 교육을 하였다. 이러한 교육을 통해 조소앙은 유학자로서의 전문적 지식뿐만 아니라 새로운 시대의 흐름에 대한 지식을 갖춘 개화 청년으로 성장하였다.

조소앙은 성균관에서 신채호申采浩(1880~1936), 유인식柳寅植(1865~1928), 변영만卞榮晩(1889~1954) 등과 함께 수학하였다. 신채호와 유인식은 조소앙보다 각각 7년, 18년 연상이었고 독립협회 운동 등에 참여한 경력이 있었다. 이들은 혁신을 통해 자립할 수 있는 국가를 만들어야 한다는 지도자로서의 책임감이 매우 강하였다. 그들은 성균관 유생이면서도 유교 경전이나 중국사 중심의 구학문보다는 세계사나 서양 근대 학문과 같은 신학문이 더 중요하다고 생각하여 서양에 관한 신서적을 더 많이 탐독하였다. 또한 그들은 이하영李夏榮(1858~1929) 등 대한제국 관료들이 1903년에 일본에 황무지 개척권을 부여하자 조국의 산림과 하천을 팔아넘긴다고 주장하며 이에 반대하는 운동을 전개하기도 하였다.

이처럼 새로운 근대 학문에 대한 공부를 통해 사회를 혁신하고 나라를 구하겠다는 것이 성균관 유생들의 일반적인 시대 의식이었다. 선배 및 동료들과 기숙사에서 공동생활을 하던 조소앙이 우국충정에 불타는 성균관 유생들의 혁신적인 분위기에 빠져드는 것은 자연스러운 일이었다. 그래서 그도 성균관 유생들의 황무지개척권 양여 반대운동에 동참하였다. 그리고 구학문보다는 신학문이 더 중요하다고 생각하게 되었다. 이런 생각 때문에 그는 성균관 경학과 수업을 마칠 필요성을 느끼지 못했다. 성균관 경학과 수학 기간은 3년이었는데, 해마다 시험을 보고 성적에 따라 기간을 단축시킬 수가 있었기 때문에 보통 2년만에 마치는 것이 일반적이었다.

조소앙은 2년 수학 기간을 마치기 전인 1904년 2월에 성균관 경학과를 그만두었다. 그 계기는 1904년 2월에 발발한 러일전쟁이었다. 대한제국은 러일전쟁의 발발을 방지하고자 국외중립을 선포했으나 일본의 강요에 따라 '한일의정서'를 체결하였다. 이에 따라 대한제국은 러일전쟁에 휩쓸려 들어갔으며, 일본으로부터 내정 간섭을 받게 되어 자주권을 침탈당하였다. 조소앙은 이 소식을 『황성신문』에서 보고 비분강개하면서 성균관에서 퇴학하였다. 그는 왜 그런 결정을 내렸을까?

18세의 그는 조국이 러일전쟁의 소용돌이에 휩쓸리면서 일본에 의해 국권이 실추되는 상황에 직면하게 되었다. 이미 그는 동학농민운동으로 나라가 혼란한 틈을 타 청국과 일본이 조국의 강토에서 전쟁을 일으키는 상황을 경험하였다. 그러나 청일전쟁이 일어났을 때 그의 나이는 8세에 불과했다. 그로부터 10년 뒤에 다시 조국 땅에서 전쟁이 일어났다. 그리고 러일전쟁은 그의 자의식이 성장하면서 시대 의식을 갖고 구국의 지를 다지고 있던 시기에 직접 겪은 일이었다.

왜 국가와 민족들은 서로 전쟁을 벌일까? 열강들끼리 벌이는 전쟁의 소용돌이 속에서 약소민족과 국가는 피해를 당할 수밖에 없는가? 두 차례나 전쟁의 참화를 겪고 국권이 실추된 조국을 어떻게 구할 수 있을까? 옛날 유학자들이 문화가 없는 야만의 나라라고 얕보던 일본이 어떻게 조국의 국권을 유린하는 강대국으로 변할 수 있었을까? 앞으로 국제사회와 세계사의 흐름은 전통적 유학의 관점으로는 설명하기 어려운 것이 아닐까? 조국이 이렇게 위기 상황에 처한 요인은 무엇일까? 세계를 알아야 조국의 미래를 알 수 있지 않을까? 이제 유교 중심의 세계관은 유효성을 상실한 것이 아닐까?

조소앙에게는 이러한 의문들이 꼬리를 물으며 제기되었을 것이다. 이런 생각들을 하게 되자 그는 성균관 경학과를 마치고 관료가 되려는 꿈을 접었다. 이미 일본의 내정 간섭을 받으며 자주권을 상실한 대한제국에서 관료가 되어 녹을 받는 일도 부끄럽게 여겨졌을 것이다.

일본 유학과
근대 지성으로의 성장

황실특파유학생으로 선발되다

조소앙이 성균관을 그만 두고 다음 일에 대해 고민할 때, 마침 일본 유학생을 선발한다는 공고가 났다. 대한제국 정부에서 황실특파유학생 50명을 선발하여 유학생들의 학비와 생활비 일체를 궁내부에서 지원해 준다는 것이었다. 선발 대상은 '한국 고관의 자제'로서 '한국 유신維新의 골수가 될 만한 인물'이었다. 대한제국 정부는 일본의 근대적 교육 제도를 활용해 한국의 개혁을 선도하는 인재를 양성하고자 하였다. 그러나 선발 대상이 '고관의 자제'로 되어 있고, '유신의 골수' 양성을 목적으로 한다는 점에서 대한제국 고관의 자제에게 특혜를 베풀면서 통감부 체제에서 일본식의 근대적 개혁을 추진할 인재를 양성한다는 의미도 담고 있었다.

조소앙은 황실특파유학생 선발 시험에 응시하였다. 학부에서 지원자를 모집한 결과 고관의 자제와 사위나 조카 등 700명이 지원하였다. 이들을 대상으로 신체검사와 작문 시험을 통해 50명이 선발되었다. 14대 1의 경쟁률이었다. 조소앙은 부친 조정규가 공릉참봉, 큰형 조용하가 독일주재 3등 서기관, 종숙 조원규가 외국어학교 교관이었다. 따라서 그는 대한제국 정부 관리의 아들이고 동생이면서 조카였으니 지원 자격에 전혀 문제가 없었다.

그렇다면 작문 시험은 어떠했을까? 시험 문제는 '유학은 반드시 충효를 근본으로 해야 함'이었다. 일본 유학의 목적과 의미를 유교적 충효라는 의리 관점에서 논술하라는 문제였다. 그는 성균관에서 3개 학기, 즉 1년 반 동안 유교 경전의 의미를 시대 상황에 맞게 적용하면서 시의성 있는 논설문 작성 훈련을 받았다. 게다가 그는 성균관을 퇴학할 정도로 일본 유학의 필요성에 대해 누구보다도 생각을 깊이 했다. 따라서 이 시험은 그에게 어렵지 않게 느껴졌을 것이다. 게다가 종숙 조원규는 일본에서 유학한 경험이 있고 외국어학교에서 일본어를 가르치고 있었다. 이에 그는 황실특파유학생 제도 시행의 책임자 역할을 담당하게 되었다. 그는 주일공사관 영사관 겸 황실특파유학생 영솔위원으로 임명되어 학생들을 일본으로 인솔하는 책임을 맡았던 것이다. 이런 점으로 보아 그가 황실특파유학생 선발 과정에도 관여했을 것으로 생각된다.

조소앙은 황실특파유학생 선발 시험에서 14대 1의 경쟁률을 뚫고 합격하였다. 황실특파유학생들은 영솔위원 조원규의 인솔 아래 1904년 10월 9일에 인천, 목포, 부산을 거쳐 일본의 시모노세키馬關항에 도착하였다. 시모노세키에서 기차를 타고 이동하여 10월 15일 도쿄東京에 도착하였다.

이후, 일본에서 전문 교육을 수학할 기초 능력이 있는 극소수의 학생을 제외한 46명의 학생들은 일본 유학에 필요한 기초 교육을 위해 도쿄부립제일중학교에 입학하였다. 조소앙도 도쿄부립제일중학교에 입학하게 되었는데, 다른 학생들과 함께 기숙사에서 공동생활을 하면서 중학교 특설 한인위탁생과 속성과에 편성되어 수학하였다. 그와 함께 도쿄부립제일중학교에서 배운 학생들 중 최남선崔南善(1890~1957)이 15세로 가장 어렸고, 최린崔麟(1878~1958)이 27세로 가장 나이가 많았다. 조소앙과 나이가 같은 18세 이하는 5명이었다.

도쿄부립제일중학교에서 일본식 중등 교육을 받다

도쿄부립제일중학교는 1879년에 창립된 학교로, 조소앙이 입학할 당시에는 학생 800명, 교사 50명 규모의 명문학교였다. 교장 가츠우라 토모勝浦鞆雄는 도쿄제국대학에서 독일 교육학을 가르쳤던 하우스크네히트 E. Hausknecht(1853~1927)의 국가주의적 교육학설을 옹호하면서, 전통적인 권위주의적 도덕관과 근대의 국가주의적 교육관이 혼합된 교육을 실시하였다. 통제 위주의 교육은 정규 학과가 끝난 기숙사 생활에도 적용되었다. 오전 5시 기상, 6시 식사, 7시 등교, 방과 후 귀사 등 시간표에 따른 일과가 정해져 있었으며, 일요일 이외에는 외출이 허용되지 않았다.

학교 당국에서 한국 유학생들을 엄격하게 감시하고 감독했던 것은 당

일본 유학시기 단체기념 사진   두 번째 줄 왼쪽에서 네 번째가 조소앙이다.

시 박영효朴泳孝(1861~1939)나 손병희孫秉熙(1861~1922) 등과 같이 일본에 망명해 있는 정치가들과의 접촉과 교류를 차단하기 위한 것이었다. 그러나 이러한 감시에도 불구하고 이전에 일본에 와서 박영효 등과 접촉하여 정치결사에 가담한 적이 있던 최린은 감시를 피해 손병희 등과 계속 접촉하면서 민족과 국가의 장래에 대해 논의하였다.

조소앙이 수학한 교과목은 수신修身, 일어, 일한비교문법, 산술 및 이과, 도화(미술), 창가, 체조, 일본지리, 박물博物, 대수, 위생, 생리 등이었다. 일본어와 일한비교문법은 주당 12시간으로 가장 많은 시간이 배정되었다. 이러한 중학교의 교육과정은 관료가 되려는 학생들의 기대와는 다른 것이었고, 엄격한 규율과 통제된 생활은 양반 고관의 자제들이 견

디기에는 어려운 것이었다. 결국 근대화된 일본의 교육을 체험하는 과정에서 문화 차이를 극복하지 못한 40% 정도의 학생들은 중도에 퇴학하였다. 그렇지만 조소앙은 빠르게 적응해 갔다. 한국 학생들은 일본어 실력을 기준으로 갑조와 을조로 나뉘었는데, 조소앙은 처음에는 을조에 편성되었다가 곧바로 갑조로 승급하였고, 1905년 3월의 시험에서는 8등으로 올랐다.

그는 일본 유학에서 겪게 되는 새로운 경험을 거부하지 않고 자신의 인생을 새롭게 발전시키며 미래를 설계하는 귀중한 시간으로 받아들였다. 그래서 그는 1904년 10월 9일 집에서 출발하는 날부터 일기를 쓰기 시작하여 1912년 5월 일본 유학이 끝날 때까지 계속하였다. 그는 자신의 일기에 『동유략초』라는 제목을 달고 다음과 같이 서문을 썼다.

> 기록한다는 것은 그 일을 기록하는 것이다. 동쪽 일본으로 유학을 왔으니 어찌 큰일들이 많이 있을 수 있으리오. 학교에 가서 수업을 듣고 방과 후에는 기숙사에 와서 머물고 학과 공부를 하는 것에 지나지 않았을 뿐이다. 그러니 어찌 기록해서 후세에 남길 만한 일이 있겠는가? 그렇지만 날마다 경험하는 바는 같지 않은 바가 있고, 해마다 배우는 바는 같지 않은 바가 있다. 또 비록 사소한 행동이라고 하더라도 매번 많은 과오가 있으니 만약 기록하여 거울로 삼지 않으면 50세가 되었을 때 어찌 옛날의 잘못을 알 수가 있겠는가? 이것이 불가불 기록하지 않을 수 없는 이유이다. 이에 이렇게 기록한다.
> ─ 조소앙, 『동유략초』 서문(1906. 11. 12.)

우리는 이 일기에서 학생으로서 기록할 만한 큰일은 없지만, 작은 변화에 의미를 두고 매일매일 반성하면서 성실하게 배우고 노력하는 학생의 모습을 볼 수 있다.

그러나 미래의 꿈을 키우며 학업에 충실했던 조소앙에게 학업을 중단할 수밖에 없는 사건이 발생하였다. 일본이 한국의 외교권을 강탈하는 조약이 체결된 것이었다. 이 소식을 듣고 조소앙은 "오장五臟이 끓는 듯 타는 듯 통탄을 금할 수 없었다"고 하였다. 그런데다가 도쿄부립제일중학교 교장이 수리적 사고 능력이 부족한 한국 학생들에게 고등교육을 하는 것은 무리라고 하는 인터뷰 기사가 일본의 『호치신문報知新聞』에 보도되었다. 이에 분개한 조소앙 등의 한국 학생 전원은 다른 학교에 가서 고등교육을 받겠다며 동맹퇴학을 단행하고 기숙사를 퇴사하였다.

이후 조소앙은 최린, 유승흠柳承欽 등과 함께 1906년 1월에 메이지明治대학 법률과에 입학하였다. 그러나 일본어 실력 등 기초 실력 부족으로 메이지대학 강좌를 수강할 수는 없었다. 동맹퇴학 사태에 대해 대한제국 정부에서는 22세 이하의 학생들에게는 중학교 복귀, 23세 이상에게는 전문학교 진학이라는 방침을 정하였다. 이 방침에 따르지 않으면 장학금 지급을 중단한다고 하였다. 이 방침에 따라 조소앙은 도쿄부립제일중학교로 복귀하였다. 그런데 이제부터는 탁지부에서 지원을 받게 됨에 따라 황실특파유학생에서 관비유학생으로 신분이 바뀌었다.

조소앙은 1906년 3월 31일에 메이지대학을 퇴학하고, 4월 28일에 도쿄부립제일중학교에 재입학하였다. 재입학 이후 교육과정이 바뀌어서, 일본어가 주당 3시간으로 비중이 크게 축소되었고, 영어와 수학이

1906년 도쿄부립제일중학교 졸업사진   오른쪽 원 안의 인물이 조소앙이다.

주당 8시간과 7시간으로 강조되었다. 역사와 지리도 서양사와 세계사 중심으로 바뀌었다. 그리고 수업 기한도 1년으로 단축되었다. 이러한 교육과정의 변화는 학생들 전체가 동맹퇴학이라는 단체 행동을 통해 중학교 과정을 조기에 이수하고 전문학교나 대학으로 진학하여 고등교육을 받고 싶다는 의사가 반영된 결과였다.

조소앙은 도쿄부립제일중학교에 재입학한 이후 첫 학기에 2등을 기록한 이후 줄곧 상위권 성적을 유지했다. 한문, 일어, 영어, 이화학은 90점 이상, 역사, 지리, 수신, 박물은 80점 이상을 받았고, 도화, 산술, 체조는 낮은 점수를 얻었다. 성적으로 볼 때 한문, 일어, 영어 등 외국어 분야에 적성이 맞고, 수학과 예체능 분야에는 소질이 부족했다고 할 수 있다.

메이지대학 법학과에 입학하다

도쿄부립제일중학교를 졸업한 조소앙은 보습학교에 다니면서 일본 최고의 관립학교인 제일고등학교나 도쿄제국대학 입학을 시도하였다. 그러나 두 학교에서는 그에게 입학을 허가하지 않았다. 그는 "일본 문부성의 기만적인 입학 거부 정책 때문에 1년을 허비했다"고 개탄하면서, 사립대학인 메이지대학 고등예과에 입학하였다. 예과에서 1년 반 동안 대학의 기초 기본 교육을 받은 그는 법학부 본과로 진학하였다.

메이지대학 법학부는 자유와 인권을 중시하는 민권주의적 법학자가 세운 학교이기 때문에 국권주의적 경향의 도쿄제국대학 법학부와는 달리 교풍이 비교적 자유롭고 개방적이었다. 창립자 키시모토 타츠오岸本辰雄(1851~1912)는 프랑스에 유학하여 자유주의적인 프랑스 법학을 전공했고, 귀국해서는 도쿄제국대학의 국권주의적 법학파를 비판하는 활동을 전개했다. 그는 메이지대학이 정부의 간섭이 없는 사립대학임을 강조하면서 봉건적 의뢰심을 조장하는 규제 위주의 교육을 배격하고 학생들이 개성과 잠재력을 개발하고 학문을 자유롭게 배우고 연구할 수 있는 자유주의적 교풍을 확립하였다.

이렇듯 메이지대학은 자유롭고 개방적인 데다가 등록금이 싼 편이었다. 따라서 많은 한국 학생들이 메이지대학에 입학했는데, 키시모토는

한국 학생들을 차별하지 않고 우호적으로 대하였다. 이에 최석하崔錫夏
(1866~1929)는 졸업생 대표 연설에서 그를 '한국 법학계의 은사'라고 하
면서 감사의 뜻을 표했고, 조소앙도 1912년에 그의 사망 소식을 듣고 큰
슬픔에 잠겼다.

조소앙은 1908년 3월부터 1912년 7월에 졸업할 때까지 4년간 메이
지대학에서 자유와 인권을 중시하는 프랑스 법학의 영향을 받아 국권주
의를 비판하는 민권주의적 법학을 공부하였다. 그가 대학을 졸업한 이
후 식민지 지배체제를 뒷받침하는 조선총독부 관료의 길을 걷지 않고,
자유와 독립을 추구하는 독립운동가의 길을 선택한 데는 메이지대학의
자유주의적 학풍이 일정한 영향을 주었을 것이다.

그러나 조소앙은 메이지대학에서 학업과 생활면에서 여러 가지 어려
움에 직면하였다. 가장 먼저 부딪친 문제는 대학 수업에 적응하기 어려
웠다는 점이다. 수업은 교수가 강의한 내용을 학생이 필기한 뒤에 숙지
하여 시험 때 논술형으로 답안을 작성하는 방식이었다. 유학생은 강의
록을 따로 구입하여 공부하지 않으면 따라가기 어려웠다. 그러나 이러
한 어려움은 일본어나 영어에 익숙해지기 위한 시간이 지나면서 노력을
하면 해결될 수 있는 문제였다. 그래서 1학년 때 평균 61.9점으로 26명
중에 25등을 했지만, 2학년이 되어서는 평균 76.7점을 받아 3등으로 성
적이 향상되었다. 따라서 대학 수업의 적응 문제는 빠른 시간 내에 극복
할 수 있게 되었다.

메이지대학 법학에서 배운 과목은 일본제국의 법학이 중심이었으며
일본법 이외에는 영국법, 국제공법, 국제사법, 경제학, 재정학, 법리학,

법의학 등이었다. 조소앙은 외국어는 중국어를 선택하여 수강하였으며, 독일어는 개인적으로 학습하였다.

유학생 운동에 참여하다

조소앙은 더욱 본질적인 문제에 부딪치게 되었다. 과연 한국을 침략한 국가인 일본의 대학에서 일본 법률을 공부한다는 것이 무슨 의미가 있는가 하는 유학 자체에 대한 근본적인 회의감이었다. 그가 황실특파유학생으로 일본에 오게 된 것은 근대적 학문을 배워 조국의 근대 문명화에 기여한다는 데 목적이 있었다. 그러나 자신이 와서 배우는 일본은 조국의 독립을 지원하는 나라가 아니라 오히려 국권을 빼앗는 침략 행위를 계속하였다. 일본은 1905년에 한국의 외교권을 빼앗았으며, 1907년에는 고종을 강제로 퇴위시키고 군대를 해산하였다. 이후 1909년에는 사법권을 빼앗았으며, 1910년에는 한국을 강제로 병탄하였다. 그는 나라를 혁신하여 국권을 회복하는 인재가 되겠다는 원대한 꿈을 갖고 일본에 왔으나 현실은 정반대가 되어 침략자인 일본의 지식체계를 배우는 식민지 유학생으로 처지가 바뀐 것이었다.

그는 망국을 전후한 시기인 1910년에 자신의 심경을 『동유략초』에서 다음과 같이 밝혔다.

내 조국의 상황을 생각하니 참으로 참담하고 우울하다. 독립국이 보호국이 되었다가 이제는 합병되는 신세로 변해버렸다. 이런 때 일본유학생이라는 처지에 있으니 옛날이나 앞으로나 나처럼 조국의 비운을 당하는 자가 있을까?

이러한 처지는 조소앙을 포함하여 일본에 유학하고 있던 학생들의 공통적인 입장이었다. 그리고 이러한 민족과 국가의 문제는 일본의 교육제도 내에서는 해결할 수 없는 일이었다. 따라서 그는 일본 유학생이 겪게 되는 국가적, 민족주의적 고민을 다른 유학생들과의 공동 행동을 통해 해결하고자 하였다. 이는 일본의 제도권 교육의 틀을 벗어나 한국인으로서의 자아 정체성을 확립하고자 한 것이었다.

이에 따라 도쿄부립제일중학교의 한국 학생들을 중심으로 1905년 6월에 독서토론회가 조직되었는데, 조소앙도 이에 가입하여 활동하였다. 진수회進修會라는 이름의 독서토론회는 매월 일정액을 회비로 갹출하여 서적을 구입하여 읽고 토론하는 모임이었다.

조소앙은 학교 밖의 한인 유학생회 활동에도 적극적으로 참여하였다. 1905년 12월에는 도쿄의 한인 유학생들을 중심으로 대한유학생구락부가 조직되었다. 이때는 도쿄부립제일중학교 학생들이 동맹퇴학을 단행한 직후였다. 따라서 유학생구락부는 도쿄부립제일중학교 학생들이 자신들의 권익 보호를 위해 다른 학교의 유학생들과 함께 창립한 것으로 보인다. 조소앙은 도쿄부립제일중학교에 복학한 3개월 뒤인 1906년 6월에 대한유학생구락부 서기로 선출되었다. 대한유학생구락부가 1906년 7월에 한금청년회漢錦靑年會와 통합하여 대한유학생회로 확대·개편되자, 조소앙도 회비 5환을 내고 참여하였다.

조소앙은 『대한유학생회학보』 창간호에 「신교론信敎論」을 기고했다. 이 글은 국력이 미약한 한국이 외래 종교를 무분별하게 수용하는 것을 반대하고 한국의 역사와 전통에 부합하는 유교를 국교로 삼아 유교적 도덕을 진흥해야 한다는 내용이었다.

조소앙은 교내의 독서토론회 활동 경험을 토대로 일본 내 관비유학생 전체를 대상으로 한 독서토론회도 조직하였다. 그는 관비유학생들로 조직된 공수학회共修學會를 조직하는 작업에 주도적으로 참여하였다. 그는 공수학회의 규칙기초위원, 서기, 평의원 등을 역임했으며, 기관지『공수학보』 편찬위원, 주필 등을 역임하였다.

그는 『공수학보』 창간호에 「녹림시대綠林時代를 탄嘆함」이라는 글에서, 제국주의 국가들이 식민지 쟁탈전을 벌이는 당시를 '녹림시대'라고 인식하였다. 이는 당시의 제국주의 시대를 고대 중국에서 도적들이 녹림산에 근거지를 두고 약탈을 일삼는 혼란시대에 비유한 것이다. 그는 유교의 도덕주의적 관점에서 당시의 국제 현실을 도덕적 질서가 파괴된 혼란의 시대로 부정적으로 파악하였다.

대한흥학회의 '합방' 반대 운동을 주도하다

조소앙은 대한제국 정부로부터 지원을 받으면서 일본에서 공부하는 학생이었다. 그런데 나라는 갈수록 위기에 처해지는 비극적 상황이 전개되자 그는 다음과 같은 고민을 하게 되었다.

일본 유학시기에 찍은 사진   맨 오른쪽이 조소앙이다.

내가 나라의 은혜에 보답한 것이 털끝만큼이라도 있었는가? 고개 숙이고
학교에 가는 것이 일과였다. 이것이 어찌 중생을 구하는 것인가?

그는 자신을 국가로부터 은혜를 많이 입은 학생이라고 생각하면서 나
라의 은혜에 보답하기 위해서는 학교 가는 일 이외에 중생을 구제하는
일을 해야한다고 생각하였다. 그의 사고와 활동은 일본의 침략으로 고
통을 받고 있는 중생 구제와 나라에 대한 보은의 의미를 지닌 것이었다.
한편, 일본 유학생들 사이에서 1908년부터 각종 단체들을 통합하는
운동이 전개되었다. 조소앙은 공수학회 대표로서 태극학회, 대한학회
등과의 통합운동에 참여하였다. 유학생 통합운동은 1909년 1월에 대학

흥학회 출범으로 결실을 맺었다. 조소앙은 초기부터 대한흥학회 평의원으로 활동하면서 학회 주최 각종 행사에도 적극적으로 참여하였다. 대한흥학회는 운동회, 웅변회, 졸업식 축하, 토론회, 강연회 등의 행사를 개최하여 유학생들의 친목과 우의를 다지는 한편, 학문적 지식과 시대 의식을 공유하기 위해 기관지도 정기적으로 발행하였다. 그는 기관지인 『대한흥학보』의 편찬위원 또는 편찬부장을 지내는 등 문필 활동에서 두 각을 나타냈다.

그런데 국내에서 일진회가 일제의 사주를 받아 1909년 12월에 '합방 성명서'를 발표하였다. 이를 계기로 회원들이 일진회를 연이어 탈퇴하고 전국 각계에서 일진회 성토운동이 다양하게 전개되었다. 이 소식을 듣고 대한흥학회 임시총회가 소집되어 일진회 성토문을 작성하자는 결의가 채택되었다. 이때 필력이 좋았던 조소앙은 저술위원으로 선정되어 일진회 성토문 작성 작업에 참여하였다. 1910년에는 편찬부장을 사임했지만, 평의원으로 계속 활동하였으며, 7월에는 대한흥학회 총무로 피선되었다.

그가 대한흥학회 총무로 활동하던 시기에는 일제의 한국 침략이 본격적으로 추진되면서, 일본 유학생들 사이에서 일제의 침략을 저지하고 국권을 회복하기 위한 다양한 운동 방법이 모색되고 있었다. 대한흥학회 총무를 맡고 있던 조소앙은 일본 경찰의 주요 감시 대상이 되었다. 일본 경찰이 항상 그를 미행하고 동정을 살피면서, 유학생들의 '합방' 반대운동을 무력화시키고자 하였다.

일제의 삼엄한 감시 속에서도 조소앙은 대한흥학회의 '합방' 반대운동을 추진하였다. 그는 한일합방 성토문을 작성하여 이를 영문으로 번역하여 해외에 알리고자 하였다. 그리고 국내에서 '합방' 반대운동을 이끌고 있던 인사들과 협력하여 추진하기로 하였다. 그는 한일합방 성토문을 기초하고, 윤치호尹致昊(1865~1945)와 김규식金奎植(1881~1950)에게 보낼 위임장을 썼다. 그들로 하여금 일본 유학생들의 합방 성토문을 해외에 알리려는 계획이었다.

조소앙은 동지들과 의논하여 대한흥학회 총회를 8월 24일에 개최하기로 하고 문건을 작성하여 회원들에게 전달하도록 하였다. 그러나 8월 23일에 일본 경찰 10여 명이 대한흥학회 본부에 출동하였으며, 주요 간부들이 미행하면서 감시하였다. 조소앙을 비롯한 대한흥학회 간부들은 경찰에 불려가 총회 개최 금지 압력을 받았다. 일본 경찰에 의해 계획이 사전에 탐지된 것이었다. 이에 8월 24일로 예정된 대한흥학회 총회는 취소되었다. 그리고 조소앙 등 주요 간부들은 또다시 일본 경찰에 소환되어 심문을 받았다. 이후 대한흥학회 간부들은 한 사람당 일본 경찰 1명의 감시가 붙었는데, 조소앙에게는 경찰 2명이 밀착하여 감시하였다.

대한흥학회는 일제의 탄압으로 더 이상 활동할 수 없었다. 대한흥학회에서는 청산보고회를 개최하고 해산을 결의하였다. 대한흥학회 총무였던 조소앙은 자신이 이끌었던 조직을 스스로 청산하는 절차를 주도해야만 하는 비극적 상황에 처하였다. 대한흥학회 주도로 합방 성토문을 채택하고 이를 대외에 발표하려던 그의 노력은 실패로 끝나고 말았다.

대한흥학회 해산 이후 조소앙은 주로 기독교청년회 중심의 종교 활동에서 탈출구를 모색하였다. 그는 도쿄기독교청년회 편집부와 교육부 임

일본 유학시절 학우들과 함께   앞줄에서 왼쪽 세 번째가 조소앙이다.

원으로 활동하면서 기독교청년회 주최 예배식이나 각종 강연회 등의 행사에도 적극적으로 참여하였다. 성균관에서 수학하면서 유교를 한국의 국교가 되어야 한다고 주장했던 그가 기독교청년회에 가입하여 활동하게 된 것은 그에게는 커다란 사상적 변화였다. 일본에 있는 한국 유학생들의 강연회, 토론회, 집회 등 각종 행사는 도쿄기독교청년회 건물에서 개최되는 경우가 많았다. 따라서 조소앙도 1906년부터 기독교청년회에서 진행된 강연회 등의 행사에 참석했으며, 이 과정에서 기독교 선교사와 기독교인 학생들과 교류하였다. 이를 계기로 기독교에 대한 선입견이 바뀌면서 그는 기독교에 대해 호의적이 되었고, 마침내 기독교 신자가 되었다. 1909년 9월 이후 그는 기독교청년회가 주최하는 예배에 참석하기 시작했으며, 1910년 11월에는 교리문답 시험을 보았다. 1911년 10월에는 서원보徐元甫 목사와 전덕기全德基(1875~1914) 목사로부터 세례를 받기에 이르렀다.

그리고 조소앙은 1911년 2월에 관비유학생회 회장으로 선출되었다. 이를 계기로 재일본 한인 유학생 단체를 다시 조직하기 위한 활동을 전개하여 조선유학생친목회를 조직하고 회장으로 활동하면서 안재홍安在鴻(1891~1965), 신익희申翼熙(1894~1956), 홍명희洪命憙(1888~1968) 등과 교유하였다. 이때 그는 안재홍 등과 함께 중국으로 망명하여 독립운동을 하는 방안 등을 협의하기도 하였다. 그는 1910년을 전후한 시기에 일본 유학생 단체를 이끌면서 일본의 침략에 저항하고 한국을 독립시키기 위한 방안을 다각적으로 모색하였다. 국망을 전후한 민족적 비극의 상황에서 유학생 단체를 이끌면서 국권회복운동을 이끌었던 그의 경험은 비록 실패로 끝났지만, 그가 독립운동 지도자로 성장하는 밑거름이 되었다.

자유롭고 창의적인 근대 지성으로 성장하다

조소앙은 일본에 유학하기 전까지 유교 교육을 체계적으로 받았고, 유교적 도덕을 자신의 생활을 이끄는 지침으로 받아들였다. 그의 유교 중심의 가치관은 일본 유학 초기에도 변하지 않았다. 서양 근대의 법학 교육을 받으면서 서양 근대 문물의 수용을 통해 한국의 근대 문명화를 추구했지만, 기독교와 같은 외래 종교의 수용에 대해서는 비판적이었다. 조소앙은 한국의 역사와 전통에 부합하는 유교를 국교로 삼는 것이 바람직하다고 생각하였다. 그러나 유학 생활이 계속되면서 일본의 근대 문물과 서양 근대 학문에 친숙해졌으며, 다른 유학생들과 함께 나라를 구하는 다양한 방안을 모색하였다. 이러한 과정을 통해 그의 사고는 점차 유교의 틀을 벗어나게 되었다.

조소앙은 일본 유학 전까지 한문 중심의 교육을 받았다. 잡지에 기고하는 글은 국한문 혼용체로 써서 발표했으나, 일기를 대부분 한자로 썼을 정도로 한자가 그의 기본적인 표현 수단이었다. 그러나 그는 일본에서 중학교와 대학 교육과정을 이수함으로써 일본어를 자유롭게 구사할 수 있는 능력을 습득하게 되었다.

영어는 도쿄부립제일중학교에서 배우기 시작했는데, 메이지대학 입학 준비를 위해 정칙영어학교에서 본격적으로 배웠다. 메이지대학에서는 영국법 강의를 원서로 수강하였다. 메이지대학에 다닐 때에는 중국어를 선택 과목으로 수강하였으며, 독일어는 개인적으로 학습하였다. 이를 통해 그는 한국어와 한문 외에도 일본어, 영어, 중국어, 독일어 등 4개 외국어를 활용할 수 있게 되었다. 그는 다양한 외국어 학습을 통해 자신의 사고 범위를 한문 중심에서 한자문화권, 더 나아가 영어 및 독일어 문화권으로 확장하였다. 외국어 학습을 통한 국제적 시야의 확대는 후일 그가 국제무대에서 활동할 수 있는 바탕이 되었다.

조소앙은 프랑스 법학의 영향을 받은 메이지대학에서 법학을 공부하였다. 따라서 그는 국권보다 민권을 중시하는 자유주의 관점에서 법학을 받아들였다. 그는 메이지대학 교수로서 도쿄제국대학의 국권주의적 법학을 비판하면서 자유민권운동의 법학적 기초를 마련한 바바 타츠이[馬場辰猪](1850~1888)의 천부인권론을 신봉하였다. 그는 바바 타츠이의 『천부인권론』을 번역할 정도로 프랑스의 자연법 사상에 기초한 인권의 가치를 중시하였다.

그리고 그는 일본의 정치 현장을 직접 경험하였다. 정치연설회, 국회, 모의국회 등 근대 일본의 정치 행사를 참관하였으며, 이상단, 동아협회, 동서협회 등 사회 단체들이 개최하는 강연회나 집회에 참가하기도 하였다. 그의 일본 유학 시절 일기에는 증세 반대 운동, 보통선거 요구 운동, 전차 시유화 반대 운동 등 대중시위운동도 자주 목격한 것으로 기록되어 있다. 이렇듯 그는 당시 일본에서 전개되고 있던 자유민권운동을 직접적으로 체험하였다.

중국 유학생들의 민주주의적 정치운동은 그에게 더욱 직접적인 자극이 되었다. 당시 쑨원[孫文](1866~1925)은 일본에서 유학생과 교포를 중심으로 중국혁명동맹회를 결성하여 각종 정치 집회나 강연회를 개최하는 등 반청 민주주의 혁명운동을 추진하고 있었다. 조소앙은 한국 유학생들이 중국 유학생들의 조직적인 정치 활동을 본받아야 한다고 생각하여 중국 유학생들의 집회에도 자주 참석하였다. 특히 그는 니혼[日本]대학 법과 출신으로 쑨원을 도와 중국의 혁명운동을 추진하고 있던 다이지타오[戴季陶](1890~1949)와 교류하기도 하였다. 따라서 그는 쑨원이 신해혁명을 일으키면서 제정한 신헌법을 민주주의 헌법이라고 높이 평가하였다. 이밖에도 그는 러시아, 페르시아, 터키, 멕시코 등에서도 혁명이 일어났음을 지적하고, 전제군주제가 종언을 고하고 자유와 민권이 중시되는 민주주의로 발전하는 것이 세계사의 흐름이라고 보았다. 그는 일본 유학을 통해 자유 민권 사상을 받아들임으로써 군주 중심의 유교관에서 벗어나게 되었다.

한편, 조소앙은 1910년 11월에 쿠로이와 루이코우黑岩淚香(1862~1920)의 『천인론天人論』을 번역하였는데, 이는 인생론과 우주론을 통합한 우주 윤리관을 논술한 책이었다. 쿠로이와는 일원론적 세계관에 근거하여 유신론과 무신론, 물질과 영혼, 철학과 신학, 종교와 윤리를 조화롭게 통일하고자 했으며, 유교, 불교, 기독교의 일체성을 강조하였다. 또한 조소앙은 독일 철학자 파울젠Friedrich Paulsen(1846~1908)의 『윤리학 대계』의 일부를 번역했는데, 그가 번역한 내용은 도덕과 윤리는 종교와 필수불가결의 관계라는 것이었다.

윤리와 도덕 문제에 관심이 많았던 조소앙은 정유윤리회丁酉倫理會에서 주최하는 강연회에 자주 참석하여 윤리 강연을 들었다. 특히 그는 일본인 철학자 이노우에 테츠지로井上哲次郎(1855~1944)의 강의에 깊은 감명을 받았다. 이노우에는 종교와 윤리를 통합한 종교적 윤리를 최상의 가치라고 보았고, 동양과 서양의 사상과 철학은 근원적으로 동일하므로 양자를 포괄하는 통일적 사상의 구축이 가능하다고 주장했다. 이러한 관점에서 동양의 '효'를 기독교의 '사랑'과 일맥상통하는 것으로 보았다. 일본 사상계는 그의 영향을 받아 동서양 사상의 통일을 주요 과제로 설정하게 되었다.

조소앙은 자신의 인생관과 세계관의 확립을 위해 폭넓은 독서는 물론 각종 강연회와 토론회에 참석하였다. 그의 학습의 중심은 독서였다. 그는 도쿄부립제일중학교 시절부터 진수회라는 독서 동아리를 만들어서 독서와 토론 활동을 하였다. 그는 유학 시절 일기에 도서관에서 구입한 책, 구입한 책, 읽은 책, 읽고 난 후의 감상 등을 자세하게 기록하였다. 중요한 책은 번역을 하였고, 중요한 부분을 요약하거나 직접 인용하여 기록하였다. 독서의 범위는 문학, 사학, 철학은 물론 사회과학과 자연과학 등 모든 분야를 망라했는데, 주요 관심사는 철학과 종교 분야였다.

이외에도『논어』,『맹자』,『시경』,『주역』, 소강절邵康節(1011~1077)의 『소자대전昭子大全』, 왕양명王陽明(1472~1528)의『전습록傳習錄』등과 같은 유교 관련 서적은 물론 노자의『도덕경』, 장자의『장자莊子』,『석가모니소전』,『선학禪學』등 불교와 도교 관련 서적도 읽었다. 또한 성경과 미국인 신학자 브라운의『기독교 요의』라는 책을 읽었으며, 에머슨의『에머슨 논설집』, 파울젠의『윤리학 대계』,『쇼펜하우어의 철학』,『태서선철상전』등 서양의 종교철학 관련서와 바바 타츠이의『천부인권론』이나 쿠로이와의『천인론』과 같은 일본 사상가들의 책도 읽었다. 동양철학 관련서는 한문 원전原典을 읽고,『에머슨 논설집』은 영문본을 읽었다. 그리고 나머지는 일본어 책으로 읽었다.

폭넓은 독서와 다양한 활동을 통해 조소앙은 자신의 가치관과 세계관을 확립하고자 하였다. 그는 24세 생일을 맞이한 1910년 5월 24일 일기에서 자신의 독자적인 우주관과 인생관을 확립하겠다는 원대한 목표를 수립하였다. 그리고 동서양의 성현과 철학자들의 사상을 종합한 것을 기반으로 자신의 고유한 사상체계를 정립함으로써 실천하고자 하였다. 1911년 이후 그는 공자, 맹자, 파스칼 등 동서양 사상가들의 말을 인용한 뒤에 '소앙 왈'이라고 하여 자신의 독자적인 사상을 일기에 기록해 나갔다.

그는 자연계를 원리와 법칙이 있는 이법理法의 세계로 보고 모든 만물에는 우주의 통일적 정신이 내재되어 있다고 보았다. 우주의 일분자인 인간도 모두 개개인이 독자성을 갖추고 있다고 보았다. 그의 범신론적 우주론은 자신이 공자와 맹자와 같은 성현과 본질적으로 동일하다는 인식을 갖도록 하였다. 지식과 문명이 발달한 현대에 사는 자신은 오히려 어떤 면에서는 공자와 맹자보다 우월한 측면도 있다고 생각하였다. 그는 개개인의 삶은 천계의 이법에 따른 것이므로 어느 누구와도 우열을 가름할 수 있는 것이 아니라고 하였다.

이런 관점에서 조소앙은 공자, 맹자, 소크라테스, 부처, 예수 등을 모두 동등하게 인식하였으며, 자신 또한 5명의 성인과 일심이라는 근원적 실재에서는 일체가 되었다고 생각하였다. 그는 동서양의 종교와 철학에 대한 폭넓은 독서와 사색을 통해 특정 종교나 성현에 구속되지 않고 자유롭고 개방적으로 사고하는 태도를 확립하였다. 나아가 그는 동서양의 성현과 철학자들과 대등하게 자신의 독창적인 사상 체계를 창조하는 근대적 지성으로 성장해 갔다. 그가 말하는 자신의 독자성은 우주론적으로는 하늘 또는 자연의 이법의 일부라는 인식에 기반하고, 종교적으로는 상제上帝의 자손이라는 인식에서 찾을 수 있다. 따라서 그는 일기에 한국과 궁민窮民을 구제하라는 상제의 명령을 받은 사실을 기록하였다. 이는 그가 한국을 일제 식민지에서 해방시키고 도탄에 빠진 한국인들을 구제하는 것을 하늘의 명령으로 받아들였음을 말해주는 것이다.

조소앙은 한 사람이 일생동안 견지하는 일관된 주의主義와 이념이 인물의 위대성을 판가름하는 기준이라고 생각하였다. 그는 '주의'를 '평생 행동의 원동력'이라고 보았다. 따라서 그는 과거 역사상의 위대한 성현과 철학자의 주의를 본받고자 하였다. 그에 의하면 공자는 '충서忠恕', 석가모니는 '자비', 나폴레옹은 '가능', 루스벨트는 '분투'라 하였다. 이런 관점에서 예수의 일관주의는 흔히 '박애'나 '구세'라고 하지만, 자신은 '단단한 희생'으로 본다고 하였다. 이런 점에서 조소앙의 기독교 신앙은 그로 하여금 개인의 차원을 넘어서 대의를 위한 희생적 삶으로 인도하는 것이었다고 할 수 있다.

중국 망명과 임시정부 수립 촉구

일본에서 중국 망명 계획을 세우다

조소앙은 1911년을 전후한 시기에 종교와 철학에 대한 탐색 끝에 하늘의 뜻에 따라 독립운동가가 되어 나라를 구하고 민중을 구제하는 희생적인 삶을 살겠다는 굳은 결의를 다졌다. 그렇다면 독립운동을 어떻게 해야 할 것인가? 당시에 유학생친목회 회장으로 활동하던 조소앙에게는 항상 경찰 2명이 미행하고 있었다. 학생회 활동의 대부분은 '합방'반대운동과 같이 밀정의 밀고로 일제 관헌에 의해 사전에 탐지되는 한계가 있었다. 그리고 국내로 귀국하는 유학생들은 일제의 엄혹한 검속 대상이 되어 유학생을 통한 국내와의 연결이 여의치 않았다. 또한 일제는 '105인 사건'을 날조하여 윤치호 등 국내의 주요 민족운동 인사들을 대거 검거하였다.

이처럼 일제의 감시와 탄압으로 일본과 국내에서의 독립운동이 여의치 않게 되자 조소앙은 외국에서의 독립운동 방법을 모색하게 되었다. 그는 1911년 9월에 국민영학회國民英學會의 야학부 회화전수과에 입학하여 영어 회화 공부를 시작하였다. 그가 영어 회화를 본격적으로 배우려고 한 것은 국제사회에서 한국의 독립 외교를 펼치기 위해서는 영어가 필수적이라고 생각했기 때문일 것이다. 일찍부터 그는 일본 유학생들이 본받아야 할 독립운동 사례로 미주 한인 교포들의 국민회 운동을 제시하였다. 그리고 국내에서 기독교청년회 간사로 활동하다가 미국으로 돌아가는 길에 일본에 들른 이승만李承晚(1875~1965)과 10여 일 동안 독립운동 방안을 협의하기도 하였다. 그는 일본 유학생 대표로서 이승만을 접대하는 책임을 맡았는데, 이 과정에서 해외에서의 독립운동, 특히 국제사회에서의 독립 외교의 중요성 등에 대해서도 많은 이야기를 나누었을 것으로 생각된다.

그러나 조소앙은 훗날 미국이 아닌 중국에서의 독립운동을 선택하였다. 그는 일찍부터 한국 유학생들이 일본 내 중국 유학생들의 혁명운동을 본받아야 한다고 생각하였다. 왜냐하면 중국 유학생들은 단결력이 좋고 정치운동에 적극적이라고 생각했기 때문이다. 그래서 그는 일본 유학시절부터 중국 유학생들의 정치운동에 관심을 갖고 그들의 집회에 자주 참석하였고, 중국 인사들과도 교류하였다.

결정적으로는 신해혁명이 그의 선택에 중요한 영향을 미쳤다. 그는 신해혁명을 전후한 시기에 중국의 정치적 상황의 변화를 면밀하게 지켜보았다. 그리고 신해혁명을 근대 민주주의 혁명으로 높이 평가하였다.

같은 한자문화권에 속한 중국이 국민혁명을 일으켰고, 여기에 일본에서 유학하거나 활동했던 중국 인사들이 중요한 영향을 미쳤다는 사실은 그에게 큰 자극이 되었다. 게다가 신민회를 이끌던 주요 인사들이 대거 중국으로 망명하여 독립운동을 추진하고 있었다.

신해혁명 이후 그는 일본 유학생 지도자들과 자주 모임을 갖고 중국 정세를 이야기하면서 장래의 독립운동 방법에 대해 논의하였다. 이 과정에서 자연스럽게 중국 망명 계획을 세우게 되었다. 이러한 계획이 밀정을 통해 일본 헌병에 탐지되어 조소앙과 안재홍은 일본 헌병에 검거되었다. 일본 헌병은 조소앙의 집을 가택 수사하고 중국 망명 계획이 있는지 심문하였다. 조소앙과 안재홍은 사실을 부인하였고, 별다른 증거가 발견되지 않자 곧바로 풀려났다.

중국으로 망명하여 동제사에 가입하다

조소앙은 중국 망명 계획이 이미 일본 관헌에 탐지된 상태이므로 일본에서 바로 중국으로 가는 것은 위험하다고 생각하였다. 그래서 일단 국내로 귀국했다가 중국으로 가기로 하였다. 그는 1912년 6월 말 졸업시험에 응시한 직후 졸업식에 참석하지도 않고 곧바로 귀국하였다. 귀국한 뒤에도 일제 경찰의 감시 대상이 되었는데, 직업이 없으면 감시와 통제가 더 심해진다고 하여 경신학교, 양정학교, 대동법률전문학교 교사로 잠시 활동하였다. 직업인으로서 충실하게 살아가는 모습을 보이자 일제의 감시망이 느슨해졌다.

조소앙은 이 틈을 타서 1913년에 중국 상하이上海로 밀항을 결행하였다. 당시 상하이는 교통의 요지였으며, 외국인 조계지가 있었다. 한국인들은 특히 프랑스 조계지에 많이 거주하면서 일본의 간섭 없이 자유롭게 활동하였다. 이러한 이유로 상하이에는 한국의 독립운동 지사들이 많이 모여 들었다. 당시 상하이 한인 사회는 신해혁명에 참가하여 중국의 혁명가들로 지원을 받고 있던 신규식申圭植(1879~1922)이 이끌고 있었다. 신규식은 박은식朴殷植(1859~1925), 신채호 등과 동제사同濟社라는 비밀결사를 조직하여 독립운동을 전개하고 있었다.

조소앙도 동제사에 가담하였는데, 그와 함께 일본에서 유학하면서 교류했던 문일평文一平(1888~1939), 신석우申錫雨(1895~1953), 홍명희 등도 동제사에 참가하였다. 동제사 인사들은 중국의 혁명당 인사들과 협력하여 신아동제사新亞同濟社를 수립하였는데, 조소앙 역시 이 단체에 가입하여 활동하였다. 이 단체에는 그가 일본 유학할 때 알고 지냈던 중국인 다이지타오와 장즈張繼 등도 참여하고 있었다.

동제사에서 조소앙이 어떤 역할을 맡았는지는 잘 알려져 있지 않다. 그러나 그는 동제사 활동을 통해 해외 각지에서 전개되는 한국인들의 독립운동 소식을 알 수 있었고, 새로운 독립운동 지도자 및 중국 혁명 인사들과 활발한 교류를 하게 되었다. 동제사에서는 상하이 지역 한인 자제들의 교육을 위해 박달학원을 설립하였는데, 조소앙은 박은식, 신채호, 문일평 등과 함께 박달학원의 교사로 활동하였다. 박달학원에서는 한인 학생들의 외국 유학 예비 교육을 한 것으로 알려졌는데, 한국사 등의 민족교육이 중시되었다. 설립자 신규식은 『한국혼』을 저술할 정도로 대종교와 민족사를 중시하였다. 박은식과 신채호 역시 만주 지역에서 대종교의 단군 중심의 민족사관 정립에 심혈을 기울여 왔으며, 박달학원에서 민족사 교육을 담당하였다.

조소앙이 박달학원에서 어떤 내용을 교육했는지는 알려져 있지 않지만, 종교나 철학 관련 혹은 국제법 등과 관련된 내용이었을 것으로 짐작된다. 이광수의 회고에 의하면, 조소앙은 문일평, 홍명희, 이광수李光洙 (1892~1950) 등과 함께 상하이의 대신여관에서 함께 숙식하였는데, 이슬람 경전 코란을 깊이 연구하고 있었다고 한다. 1910년대에 조소앙은 중국에서도 여전히 종교와 철학 문제 탐색을 통한 독립운동 방법을 모색하고 있었다.

그는 또한 장즈, 황줴黃覺, 천궈푸陳果夫(1892~1951) 등 중국 인사들과 중국으로 망명한 동생 조용주와 함께 아세아민족반일대동당 결성 작업에도 참여하였다. 그는 한국의 독립운동은 일개 단일 국가의 문제가 아니라 국제사회의 공통된 문제라고 생각했던 것이다.

일신교를 제창하여 사해동포주의를 내세우다

조소앙은 일본 유학 시기부터 세계의 여러 종교와 동서양 철학을 통합하기 위한 노력을 계속하였다. 그의 노력은 1914년 1월 15일에 「일신교령一神教令」을 만들면서 결실을 맺었다. 그는 후일 이날을 회고하면서 "육성일체六聖一體 사해동포四海同胞의 영각성靈覺性을 크게 부르짖어 조국동포의 심리개혁과 각계의 단결을 강조하였다"고 하였다. 즉 일신교의 핵심

사상이 '육성일체'와 '사해동포' 주의이며, 이는 한국인의 정신혁명을 일으키고 단결시키기 위한 목적이었다고 하였다. 그는 세계 6명의 성현이 일체이며 세계 인류는 모두 동포라는 믿음을 갖게 되면, 각계의 한인 동포들이 단결할 수 있다고 생각하였다. 따라서 일신교를 통해 한국인들이 정신혁명을 일으켜 통일적 독립운동을 전개할 수 있기를 희망하였던 것이다.

「일신교령」은 4월 10일에 탈고되어 「학지광에 기고함」이라는 제목으로 재일본 조선유학생학우회 기관지인 『학지광學之光』 1915년 2월호에 발표되었다. 조소앙은 일본 유학을 마친 선배로서 후배들에게 정신적 각성을 일으키려고 했던 것이다.

그가 제창한 일신교에서는 단군, 석가, 공자, 소크라테스, 예수, 마호메트 등 6명의 성현을 유일신 하나님의 아들로 본다. 그리고 그는 육성자六聖子의 가르침을 대신 전하는 진인眞人으로 자처한다. 그는 우주의 본질인 진리와 선을 실천하기 위한 희생을 강조하며 일신교의 8가지 계율을 다음과 같이 제시하였다.

1. 유일신 하나님을 신앙하여 효성으로 받들라
2. 천하의 동포를 사랑하며 아침마다 기도하라
3. 성스러운 날을 기념하여 평등 및 평화를 주장하라
4. 살인, 도둑, 음란은 죄이다
5. 도박, 음주, 흡연은 죄이다
6. 망령된 말과 망령된 감정은 죄이다

7. 사기와 위증은 죄이다

8. 우상 숭배와 집안 사랑은 죄이다

이어서 그는 요일별로 육성자의 가르침을 배울 것을 제안하였다. 월요일에는 단군의 독립자강獨立自强(독립을 위해 스스로 힘쓰다), 화요일에는 석가의 자비제중慈悲濟衆(자비로움으로 중생을 구제한다), 수요일에는 공자의 충서일관忠恕一貫(일관된 충성과 인자함), 목요일에는 소크라테스의 지덕합치知德合致(지성과 덕이 하나가 된다), 금요일에는 예수의 애인여기愛人如己(사람을 나와 같이 사랑하는 것), 토요일에는 마호메트의 신행필용信行必勇(믿음에는 용기를 행하는 것이 필요하다)이라는 가르침에 따라 수양해야 한다고 하였다. 이처럼 그는 세계 인류가 모두 유일신 하나님의 자손이므로 하나님의 성스러운 여섯 아들의 가르침을 모두 따른다면 야만적 제국주의를 끝내고 모든 인류와 민족이 평등하게 서로를 사랑하는 평화로운 세계를 건설할 수 있다고 믿었다.

조소앙이 공자를 인생의 스승으로 삼는 자세는 양반 가문에서 태어나 어려서부터 유학 교육을 받으면서부터 형성되었다. 공자 외에 예수, 석가, 소크라테스까지도 성현으로 숭배하고 삶의 지침으로 받아들이는 자세는 일본 유학 시기에 종교와 철학에 대한 탐구 과정에서 확립되었다. 그러나 단군과 마호메트에 대한 관심은 일본 유학 시기에는 발견되지 않는다. 특히 마호메트는 신앙의 강제성 때문에 부정적으로 인식되었지만, 중국에 와서 독립운동을 하는 과정에서 단군과 마호메트의 가치에 새롭게 눈을 뜨게 되었다. 성경과 함께 칼을 들고 있는 마호메트는 해외 독립운동을 해야 하는 고난의 상황에서 용기의 가르침을 주는 존재로 새롭게 부각되었다. 이는 그가 상하이에서 직접 이슬람 경전인 코란을 읽으면서 깨달은 바였다. 그리고 단군 숭배는 동제사와 박달학원에서 활동할 때, 신규식, 박은식과 신채호 등에게 영향을 받은 것으로 보인다. 그들은 민족 시조로 단군을 숭배하는 대종교의 관점에서 민족사를 독립운동의 정신적 원천으로 중시하여 박달학원 교육의 핵심으로 삼았다. 따라서 조소앙은 그들의 대종교적 역사 인식의 영향을 받아 단군을 독립자강의 가치를 체현하는 성인으로 숭배하였다.

이처럼 조소앙은 대종교, 불교, 유교, 서양철학, 기독교, 이슬람교 등 민족 종교와 세계의 주요 종교와 철학을 통합하여 일신교라는 새로운 종교를 창안하였다. 일신교를 통해 제국주의적 대립과 종교적 충돌로 인한 전쟁과 파괴가 일상화된 어지러운 세상을 타파하고 평등과 평화의 새로운 세계 건설을 지향하고자 하였다. 그는 한국의 독립 문제는 한국과 일본의 문제만이 아니라 세계 인류의 보편적 문제라고 파악하였다.

일신교를 제창한 조소앙은 독립운동의 새로운 활로를 모색하기 위해 1915년에 국내로 잠입하여 활동하고자 하였으나 안둥安東을 통해 입국하는 과정에서 일제에 검거되었다. 검거에서 풀려난 후에 중앙학교 교장 제의를 거절하고 이종소李鍾韶 등과 함께 독립운동 방안을 모색하였다. 그러나 몸에 큰 부스럼이 나서 반년간이나 입원해서 치료를 받아야 했다. 조소앙은 병을 치료하고 1916년에 다시 상하이로 와서 독립운동에 참가하였다. 이때 한국, 중국, 인도, 필리핀, 타이완, 베트남, 미얀마 등 아시아 7개국이 연합한 아세아민족반일대동당 결성 작업을 다시 추진하였다. 조소앙은 일신교의 사해동포주의에 의거하여 아시아 민족의 대동단결을 추구하는 운동에 가담하여 활동하였다. 이 점에서 그의 일신교 제창은 세계동포주의를 내세우며 국제적 연대를 통한 독립운동을 추진하는 종교적 토대로써의 역할을 수행하였다고 볼 수 있다.

「대동단결의 선언」에 참여하여 임시정부 수립을 촉구하다

조소앙은 1917년 7월에 「대동단결의 선언」에 참여하면서 한국 독립운동의 발전에 새로운 전기를 마련하였다. 그는 상하이에서 신규식, 박용만朴容萬(1881~1928), 박은식, 신채호 등 14인 명의로 발표된 「대동단결의 선언」에 참여하여 선언문을 기초하는 등 실질적인 역할을 담당하였다. 이 선언문은 선언의 내용, 제의의 강령, 제의에 대한 답장, 발기인 등 네 부분으로 구성되어 있었다. 이 선언은 제1차 세계대전이 막바지로 흐르면서 국제정세에 새로운 변화가 일어남에 따라 그에 부합하는 새로운 독립운동을 모색하기 위해 통합적인 독립운동 지도기관, 즉 임시정부를 수립하려는 운동이었다.

당시에는 러시아혁명의 발발과 그에 뒤이은 핀란드와 폴란드의 독립, 그리고 아일랜드, 인도, 리비아 등 약소민족의 해방운동이 크게 고조되고 있었다. 또한, 세계인권운동이 국제사회에 확산되고 있었고, 국제사회주의자들의 반제국주의 운동이 전개되었다. 「대동단결의 선언」은 이러한 때에 한국의 독립운동 세력이 단결하여 제국주의의 강권적 지배를 거부하고 인류애와 평화에 기초한 새로운 국제질서 수립에 적극적으로

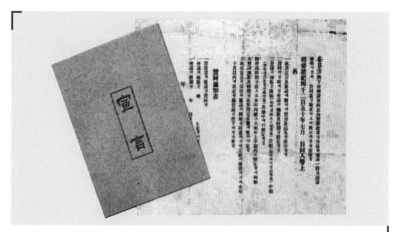

「대동단결의 선언」과 「찬동통지서」

참여해야 한다는 것이었다. 선언문을 통해 구체적으로 해외 독립운동의
통합적 지도기관인 임시정부 수립을 위한 대회 개최를 제안하였으며,
참석 여부를 통보해 줄 것을 요구하였다. 그리고 선언문을 미주 지역의
안창호安昌浩(1878~1938) 등 세계 각지에서 활동하는 독립운동 지도자들
에게 발송하였다.

한편 조소앙은 신규식 등과 함께 한민족의 독립 의사를 유럽의 사회
주의자들에게 보내는 활동을 추진하였다. 그는 1917년 8월에 스웨덴
의 스톡홀름에서 개최되는 국제사회당대회에 상하이의 조선사회당 대
표 명의로 영문 전문을 보내 한국의 독립을 요구하였다. 여기서 그는 제
1차 세계대전이 발칸반도 문제로 발발했듯이 아시아에서는 한국 문제로
전쟁 발발 가능성이 있음을 지적하였다. 이어 세계 각국의 정치적 평등
을 주장하고 세계 평화를 위해 국제사법재판소의 설치를 주장하면서 세

계 피압박 민족의 해방과 독립, 세계 모든 민중의 정치적 해방을 촉구하였다. 즉 한국의 독립은 세계 피압박 민족의 해방과 독립의 일환이라는 국제사회의 요구에 따르는 것임을 주장한 것이었다. 조소앙 등의 이러한 독립 외교 활동은 당시 독일 언론에 보도되는 등 유럽사회에 알려졌으며, 이에 따라 일제 관헌의 예의 주시 대상이 되었다.

조소앙은 상하이에서의 임시정부 수립운동을 뒷받침하기 위해 1917년 8월에 개인적으로 미주 지역의 안창호에게 편지를 보내 상하이 지역의 독립운동을 활성화하는 방안을 제시하였다. 그는 안창호에게 과거에는 만주나 소련 지역이 독립운동의 중심지였으나 이제는 상하이가 독립운동의 중심지가 되어야 한다고 하였다. 그러므로 상하이에 청년회를 조직하고 이를 뒷받침하기 위해 교회, 강습소, 병원 설립 등이 필요하다고 하면서 안창호의 재정적 지원을 요청하였다. 그러나 그는 안창호의 지원을 이끌어내지 못했다. 또한 「대동단결의 선언」에 대한 미주 지역 인사들의 참여도 이끌어내지 못했다. 따라서 상하이 지역 인사들과 함께 급하게 사회당을 만들고 사회당 대표와 임시정부 대통령 명의를 임의로 사용하여 스웨덴의 스톡홀름에서 개최된 국제사회당대회에 전문을 보낸 것이었다. 그는 한국의 독립을 인정하고 지원을 요청하는 전문을 국제사회당대회에 보냄으로써 유럽의 사회주의 운동 세력과 언론에서 한국 독립에 관한 여론을 환기하였다.

결국 조소앙 등 상하이 지역 독립운동 지도자들이 추진했던 임시정부 수립운동은 소기의 성과를 거두지 못했다. 그러나 조소앙은 「대동단결의 선언」 문건을 작성하면서 임시정부 수립의 이론적 근거와 기본 방향을 체계적으로 제시하였다.

조소앙은 1910년 8월 29일은 대한제국 황제의 주권이 소멸하고 국민이 주권을 갖는 민권의 역사가 되는 날이라고 선언하였다. 한민족의 역사에 비추어 볼 때, 한민족의 주권이 이민족에게 양도된 적이 없었으므로 민족 내부에서의 주권 수수는 '불문율의 국헌國憲'이 되었다고 하였다. 따라서 한국 황제가 일본 황제에게 주권을 양도하는 '합방' 문서는 국헌에 위배되기 때문에 무효로 규정하고, 황제의 주권 포기 선언 문서라고 해석하였다. 한국 황제는 1910년 8월 29일을 기하여 국민 동지들에게 주권을 묵시적으로 선위한 것으로 보아야 한다고 하였다. 조소앙은 황제 주권주의 시대가 끝나고 국민 주권주의 시대가 시작되었다고 규정하였다.

그런데 국내의 동포들은 일제의 탄압으로 인해 주권을 제대로 행사하지 못하고 있으므로 해외에 거주하는 동포들이 주권을 대신 행사할 것을 위임받은 상황이라고 하였다. 100만이 넘는 해외 동포들의 세금을 거두어 재정적 기반을 마련하여 국민의 주권을 행사할 무상 법인의 대표, 즉 임시정부를 수립한다면 독립운동을 효과적으로 수행할 수 있을 것이라고 하였다. 나아가 이제 제국주의 침략 전쟁의 시대가 끝나고 러시아 혁명이 일어나고 약소민족 해방운동이 고조되고 세계 인권운동과 사회주의 운동이 확산되고 있는 것은 평화와 인류애에 기초한 새로운 국제질서가 수립되고 있는 증거라고 하였다. 이처럼 조소앙은 한국의 독립에 유리한 국제정세를 활용하기 위해 해외 독립운동 세력이 대동단결하여 임시정부를 수립하는 일이 시급하게 필요하다고 역설하였다.

「대동단결의 선언」에 나타난 국민주권론에 의거한 임시정부 수립론은 1919년에 수립된 대한민국임시정부(임시정부, 임정)의 이론적 토대가 되었고, 임시정부 수립의 선구적 시도였다는 점에서 역사적 의의는 자 못 크다고 할 수 있다.

대한독립의군부를 결성하고 「대한독립선언서」를 발표하다

1917년 11월, 러시아에서는 제2차 혁명이 일어나 세계 최초의 공산주 의 정권이 수립되었다. 혁명에 성공한 레닌^{Vladimir Ilich Lenin}(1870~1924)은 「러시아 제민족의 권리선언」을 발표하여 러시아 내 소수민족 문제에 대 해 민족 자결의 원칙을 적용하겠다고 천명하였다. 그리고 1918년 1월에 는 미국의 윌슨^{Thomas Woodrow Wilson}(1856~1924) 대통령이 전후 처리 방침 14개조를 발표하면서 식민지 문제의 공평한 해결을 위해 식민지 문제는 식민지 주민의 의사에 따라 결정되어야 한다는 민족자결주의 원칙을 제 시하였다.

조소앙은 「대동단결의 선언」에서 제1차 세계대전 중반의 국제정세는 약소민족의 해방운동에 유리하게 바뀔 것을 전망하면서 한국 독립운동 단체의 대동단결을 통한 임시정부수립을 촉구한 바 있다. 그렇지만 다 른 지역에서 호응해 오지 않았다. 그런데 1918년에 접어들면서 레닌이 러시아혁명을 성공시키고 약소민족 문제 해결에서 민족 자결의 원칙을 내세우고, 뒤늦게 참전하여 전쟁을 유리하게 이끌던 미국도 전후 처리 에서 식민지 문제 해결에 민족 자결의 원칙을 적용한다는 방침을 밝히 자 약소민족의 해방운동이 고조될 가능성이 높아지게 되었다.

조소앙은 국제사회에서 제1차 세계대전의 전후 처리 문제가 논의되기 시작하던 시점인 1918년에 만주로 가서 윤세복尹世復(1881~1960), 이시영李始榮(1868~1953), 윤기섭尹琦燮(1887~1959) 등과 협의하여 상하이 지역에서 추진했던 임시정부수립 운동을 계속하고자 하였다. 그렇지만 제1차 세계대전은 아직 끝나지 않았고, 한창 진행 중이었으므로 만주 지역의 독립운동 지도자들은 전후 평화시대를 대비하는 임시정부 수립운동에 별다른 호응을 보이지 않았다. 그들은 종전처럼 제각기 자파自派 세력 중심으로 독립운동을 추진하는 일에만 집중하였다.

조소앙은 전쟁이 끝난 후 국제질서의 재편성을 전망하면서 독립운동 세력의 통일을 추구하는 일이 어렵게 되자 지린吉林 지역에서 실의에 빠진 채 책을 읽으며 세월을 보내고 있었다. 그런데 제1차 세계대전이 1918년 11월에 종결되었고, 전후 국제사회 문제의 처리를 위해 파리강화회의 개최가 1919년 1월로 예정되었다.

전후 국제질서의 재편에서는 제1차 세계대전의 승리에 크게 기여한 미국의 영향력이 클 것으로 기대되었다. 이에 따라 미국의 윌슨 대통령이 1년 전에 제시했던 민족자결주의 원칙이 재평가되고 러시아와 유럽 사회주의자들의 식민지 민족해방운동에 대한 지지 움직임이 한국 독립운동계에 알려지게 되었다. 이에 따라 한국 독립운동 지도자들은 한민족의 의사가 반영된 식민지 문제의 새로운 해결을 기대할 수 있게 되었다.

이러한 새로운 국제정세의 변화에 따라 만주 지역에 있던 독립운동 지도자들이 1919년 2월 말에 대한독립의군부를 조직하여 무장 독립운동을 추진하는 한편 국내외에 「대한독립선언서」를 발표하였다. 대한독립의군부는 지린에서 조소앙이 여준呂準(1862~1932), 김좌진金佐鎭(1889~1930), 박찬익朴贊翊(1884~1949), 황상규黃尙奎(1890~1941), 정원택鄭元澤(1890~1971) 등과 함께 조직한 독립운동 단체로 의열투쟁 노선을 내세웠다. 여준이 총재를 맡고 조소앙은 부령副領을 맡았다.

조소앙은 대한독립의군부의 조직은 물론 독립운동 전략 수립과 활동에 중심 역할을 담당하였다. 특히 대한독립의군부에서는 조소앙이 동생 조용주 등과 함께 기초한 「대한독립선언서」를 1919년 2월에 김교헌金敎獻(1868~1923), 김규식, 김동삼金東三(1878~1937) 등 해외 각지의 대표적인 독립운동가 39인 명의로 발표하였다. 그런데 대한독립선언서에 명기된 1919년 2월은 음력이었으므로 양력으로는 3월 초에 작성하여 발표한 것이었다. 정원택의 기록에 따르면 조소앙은 1919년 3월 1일 오후에 국내에서의 3·1운동 발발 소식을 듣고 이튿날인 2일에 「대한독립선언서」를 기초하였고, 3월 11일에는 4천 부를 인쇄하여 국내외 각지 독립운동 지도자와 단체들에 송부하였다고 한다.

「대한독립선언서」는 영문으로도 작성되어 해외 각지에도 배포되었다. 미주 지역의 박용만朴容萬(1881~1928)은 1919년 3월 초 대조선독립단Korean National Independence League 하와이 지부를 조직하고 「대한독립선언서」를 영문으로 번역하여 발표하였다. 박용만이 대조선독립단 하와이 지부를 조직한 것으로 볼 때, 이는 지린에서 조직된 대한독립의군부와 연계성을 갖는다고 볼 수 있다. 박용만의 비서 이원순李元淳(1890~1993)은 4월에 박용만이 영문으로 번역한 「대한독립선언서」를 미주 지역에 소개하면서 국내에서 민족 대표 33인의 명의로 발표된 선언서와 크게 다르다고 소개하였다.

조소앙은 국내에서 발표된 독립선언서를 참조하지 않고 선언서를 작성하였다. 또한 국내 대표가 아니라 해외 독립운동자들의 입장을 대변하는 관점에서 선언서를 작성하였다. 따라서 국내에서 발표된 독립선언서와는 논지와 독립운동 방법론 면에서 크게 달랐다.

「대한독립선언서」에는 일신교에 나타난 종교적 사해동포 사상에 의거한 독립운동의 이념과 방법론이 잘 나타나 있다. 즉 단군 숭배의 민족주의적 사고와 사해동포 사상이라는 세계주의적 사고가 결합되어 한국의 독립이 인류의 보편적 가치를 실현하는 운동으로 정의되었다. 독립운동 이념으로 '민족평등'이나 '평균천하' 등의 평등주의가 제시되었으며, 남녀, 빈부, 지우智愚, 노유老幼 4개 부분의 평등을 실현하기 위한 '동권동부同權同富, 등현등수等賢等壽'의 4대 강령이 제시되었다. 이는 정치, 경제, 교육, 수명 또는 건강 4대 부문의 평등을 추구한다는 것이었다.

그리고 독립운동 방법으로 황천과 상제의 명령에 따라 '육탄혈전肉彈血戰'을 하자고 함으로써 신성하고도 희생적인 의열투쟁이 필요하다고 역설하였다. 신성한 사명을 수행하기 위해 고귀한 희생적 투쟁을 감행해야 한다는 이 선언서는 주로 해외 독립운동 지사들의 입장을 대변하였다. 따라서 국내에서 인도주의에 기초한 국제 평화의 실현이라는 낙관적 전망에 기초하여 민족의 독립 의사를 자유롭게 표현하라는 평화적 시위운동을 독립운동 방법으로 제시한 국내의 독립선언서와는 이념과 가치, 방법, 정서 등 여러 가지 면에서 큰 차이를 보인다.

「대한독립선언서」에 나타난 독립운동의 이념은 보편주의에 기초한 평등주의였으며, 그 평등을 4개의 부문에서 추구하였다. 조소앙은 1930년대 이후 독립운동 지도 이념으로 삼균주의를 제시하는데, 삼균은 위의 4개 분야의 평등에서 '등수等壽', 즉 수명과 건강의 평등이 빠진 정치, 경제, 교육의 균등을 말하는 것이었다. 이 점에서 조소앙이 기초하여 발표한 「대한독립선언서」는 삼균주의의 기본적 씨앗이 마련되는 '배태기胚胎期'라고 할 수 있다.

대한민국임시정부 수립과
유럽에서의 독립 외교

임시정부 수립을 위해 상하이로 가다

조소앙은 1919년에 대한독립의군부를 조직하고 「대한독립선언서」를 발표하였다. 그리고 국내에서 온 나경석羅景錫(1890~1959)을 통해 3·1운동이 발발한 소식을 전해 들었으며, 상하이에 각지의 독립운동 지도자들이 모여 임시정부 수립을 추진하고 있다는 것을 알게 되었다. 이에 대한독립의군부에서도 지린 지역 대표자를 상하이에 보내 임시정부 수립운동에 참여하기로 결의하였다. 상하이에 파견할 대표로 조소앙이 선정되었다. 이에 조소앙은 만주 지린 지역 독립운동 단체인 대한독립의군부 대표로서 독립운동 자금 2,000원을 갖고 상하이로 향하였다.

조소앙이 상하이로 와서 임시정부 수립운동에 참여하게 된 것은 상하이 지역에서 여운형呂運亨(1886~1947) 중심으로 추진되고 있었던 신한청년당의 활동과 연계되었기 때문이다. 제1차 세계대전이 끝나고 파리강화회의 개최가 결정되자, 파리강화회의에 한국 대표를 파견하여 한국의 독립 문제를 해결해야 한다는 여론이 높아졌고, 각지에서 대표 파견을 위한 다양한 움직임이 있었다. 이 가운데 단체를 결성하여 자격과 권한을 부여한 대표를 파리강화회의에 파견하는 실질적인 성과를 보인 세력은 여운형 등의 상하이 지역 인사들이었다.

여운형은 조동호趙東祜(1892~1954), 장덕수張德秀(1894~1947), 한진교韓鎭敎(1887~1973) 등과 함께 제1차 세계대전이 끝난 직후인 1918년 11월 28일에 신한청년당을 결성하였다. 신한청년당은 한국의 독립, 국민사상의 확립을 통한 세계 문화 공헌과 사회개량, 세계 대동주의의 실현이라는 3대 강령을 채택하였다. 이어 미국의 윌슨 대통령에게 한국의 독립을 요구하는 청원서를 영문으로 제출하였고, 영어가 능통한 김규식을 대표로 파리강화회의에 파견하여 한국의 독립을 요구하도록 하였다. 여운형은 장덕수, 선우혁鮮于爀(1882~?) 등을 국내로 파견하여 이러한 소식을 국내의 주요 민족지도자들에게 전하여 3·1운동을 일으키는 계기를 마련하였다.

아울러 여운형은 1919년 1월 20일에 상하이를 떠나 만주와 연해주 지역을 돌아다니며 신한청년당의 활동을 소개하면서 해외 각 지역에서도 독립운동을 활성화하고 파리강화회의에 대표를 파견할 것을 촉구하였다. 아울러 독립운동을 통합적으로 지도하기 위한 방안에 대해 협의하기 위해 각 지역 독립운동 단체들의 대표를 상하이에 보낼 것을 요구하였다. 이때 여운형이 지린에 도착하여 이 지역의 독립운동 지도자인

여준을 만나 신한청년당의 활동을 소개하면서 지린 지역 독립운동 세력의 동참을 촉구하였다.

조소앙이 지린에서 여준 등과 함께 대한독립의군부를 조직하고 「대한독립선언서」를 발표했던 것은 신한청년당과 긴밀하게 연계된 활동이었다. 따라서 「대한독립선언서」에서는 한국의 해외 독립운동 지도자들이 단합하여 세계 인류 평등의 대의에 따라 민족의 독립을 위해 희생적으로 투쟁하고 있다는 점을 강조하였다. 또한 대한독립의군부에서는 선언서를 발표하자마자 상하이의 인사들이 중심이 되어 추진하고 있던 임시정부 수립 운동에 참여하기 위해 지린 지역의 대표로 조소앙을 파견하였던 것이다.

한편, 국내에서는 1919년 3월 1일에 천도교, 기독교, 불교계 지도자 33인의 명의로 작성된 독립선언서가 학생 대표에 의해 낭독되고 뒤이어 독립만세 시위운동이 전개되었다. 3·1운동은 삽시간에 전국 각지로 퍼져 나가 4월까지 계속되었다. 비폭력 평화적 시위운동이 주류를 이루었지만, 대중운동으로 발전하면서 관공서와 학교 등에서 일제 권력을 타도하기 위해 민중이 무장하여 직접적으로 주권을 행사하는 고을도 있었다.

국내에서 거족적인 3·1운동이 일어나자 이에 호응하여 해외 각지에서도 독립을 선언하고 시위운동을 전개하면서 국제사회에 독립을 집단적으로 요구하였다. 국내외 각지에서 3·1운동을 추진했던 독립운동 지도자들은 국제사회에서 한민족의 독립의사를 대변하기 위한 통합적인 독립운동 조직을 마련하기 위해 속속 상하이로 모여들었다.

대한민국임시정부 수립에 참여하고 「대한민국임시헌장」을 기초하다

1919년 3월 말, 상하이에 모인 독립운동 지도자들은 독립운동을 효과적이고 체계적으로 추진하기 위해 이동녕李東寧(1869~1940)과 현순玄楯(1880~1968)이 중심이 되어 프랑스 조계에 독립임시사무소를 설치하였다. 독립운동 지도자들은 독립임시사무소에 모여 독립운동의 통합적 전개 방안에 대해 협의하였는데, 협의 방향은 크게 조소앙의 임시정부 수립론과 여운형의 정당 수립론으로 나뉘었다.

조소앙은 이미 1917년 7월에 발표한 「대동단결의 선언」에서 신규식 등 14인의 상하이 지역 지도자들의 의견을 수렴하여 임시정부 수립의 이론적 근거와 현실적 당위성을 체계적으로 피력한 바 있었다. 반면 여운형은 이미 신한청년당이라는 조직을 결성하였고, 신한청년당의 대표로 김규식을 파리강화회의에 파견하였다. 그리고 독립운동 조직의 효율적 운영을 위해서는 정부라는 거창한 조직보다는 독립운동 정당이 적절하다고 보았다. 두 사람의 의견이 대립되었지만, 임시정부 수립이 민족적 대의명분에 부합하였고, 이미 국내외 각지에서 임시정부 수립운동이 실질적으로 전개되고 있던 터라 조소앙이 주장하는 임시정부 수립 주장이 채택되었다.

조소앙은 「대동단결의 선언」에서 이미 임시정부 수립 원칙으로 국민주권주의를 제시하고 임시의회를 개최하여 정부를 구성하는 방법을 제안하였다. 또한 민주주의 원칙에 의거한 신한국 건설은 대다수의 독립운동 지도자들이 동의하는 바였다. 따라서 독립임시사무소에 출석한 독립

조소앙이 기초한 대한민국임시헌장을 채택한
대한민국임시정부 상하이 청사

운동 지도자들은 각 지역의 국민을 대표하는 의원의 역할을 맡아 국민의 주권을 대신하여 행사하여 임시정부를 구성하는 방식으로 정부 수립을 추진하기로 하였다. 이에 1919년 4월 10일과 11일 이틀에 걸쳐 상하이 프랑스조계 김신부로 60호에서 정부 수립을 위한 회의가 개최되었다. 이 회의에는 현순, 신익희, 여운형, 신채호, 이회영 李會榮(1867~1932), 김동삼 金東三(1878~1937) 등 29인이 참석하였다.

앞장서서 임시정부 수립을 주장했던 조소앙은 회의를 주재하는 역할을 맡았다. 그는 먼저 회의의 명칭을 임시의정원으로 하자고 제안하였다. 「대동단결의 선언」에 명시된 해외 독립운동 지도자들이 국내에 있는 동포들로부터 주권을 위임받아 대표권을 행사하는 의정원 의원으로서의 자격으로 회의를 진행하자는 것이었다. 조소앙의 제안은 채택되었다. 이로써 임시의정원 회의는 임시국회의 성격을 띠게 되었다. 이어서 조소앙은 회의를 진행하기 위해 의장을 선출하자고 제안하였다. 이후 임시의정원 회의는 새로 선출된 이동녕 의장의 주재 아래 진행되었다.

임시의정원 회의에서 대한민국의 국호가 제정되었으며, 이어 국무총리제가 채택되면서 총리에 대한 선거가 이루어졌다. 조소앙이 추천한 박영효朴泳孝(1831~1939)는 부결되었고, 신석우가 추천한 이승만이 국무총리로 당선되었다. 이어진 정부 각료 선거에서 조소앙은 김규식을 외무총장으로 추천하여 당선되도록 하였고, 자신은 국무원 비서장으로 당선되었다.

그는 또한 대한민국임시헌장과 임시의정원법 기초위원으로 선정되어 일본 유학 시기에 학습한 법학 지식을 활용하여 임시정부의 법체계를 정립하는 역할을 담당하였다. 그는 신익희, 이광수와 함께 다음과 같은 「대한민국임시헌장」을 기초하여 채택되도록 하였다.

대한민국임시헌장

신인일치神人一致로 중외中外에서 협응協應하여 한성에 기의起義한 지 30여 일에 평화적 독립을 3백여 주에 광복하고 국민의 신임으로 완전히 다시 조직한 임시정부는 항구恒久 완전한 자주독립의 복리로 아 자손 여민黎民에 세세토록 전하기 위하여 임시의정원의 결의로 임시헌장을 선포하노라.

제1조 대한민국은 민주공화제로 함.

제2조 대한민국은 임시정부가 임시의정원의 결의에 의하여 통치함.

제3조 대한민국의 인민은 남녀, 귀천 및 빈부의 계급이 없고 일체 평등임.

제4조 대한민국의 인민은 종교, 언론, 저작, 출판, 결사, 집회, 통신, 주소 이전, 신체 및 소유의 자유를 향유함.

제5조 대한민국의 인민으로 공민 자격이 있는 자는 선거권과 피선거권이 있음.

제6조 대한민국의 인민은 교육, 납세 및 병역의 의무가 있음.

제7조 대한민국은 신神의 의사에 의해 건국한 정신을 세계에 발휘하고 나아가 인류문화 및 평화에 공헌하기 위해 국제연맹에 가입함.

제8조 대한민국은 구 황실을 우대함.

제9조 생명형, 신체형 및 공창제公娼制를 전부 폐지함.

제10조 임시 정부는 국토 회복 후 만 1개년 내에 국회를 소집함.

대한민국임시헌장의 전문前文에서는 국내외에서 전개된 3·1운동에 의거하여 임시정부가 수립되었음을 규정하였다. 그런데 임시정부는 국민의 신임을 얻어 완전히 다시 조직되었다고 하였다. 이것은 이전에 해외 각지에서 임시정부를 자처하면서 전개했던 독립운동의 전통을 계승하였다는 사실을 밝힌 것이다. 또한 신과 인간이 일치가 되었다는 표현에서 알 수 있듯이, 3·1운동이 종교계 지도자들에 의해 발발했음을 표시하였다.

이어 10개조의 헌장에서는 대한민국이 의회주의에 기초한 민주공화국임을 규정하였고, 인민의 평등과 자유의 내용을 구체적으로 명시하였으며, 교육, 납세, 병역 의무를 규정하였다. 또한 대한민국의 건국이 신의 뜻이며 세계평화에 기여하기 위한 것으로 국제연맹 가입을 규정하였다. 그리고 구 황실을 우대한다고 함으로써 대한민국이 대한제국을 계승하였음을 명시하였다. 이 헌장은 조소앙이 이전부터 독립운동을 추진하면서 제시했던 국민주권주의 원리, 평등사회의 건설 구상, 그리고 신 또는 하늘의 뜻에 따르는 세계평화의 실현이라는 이상을 그대로 담고 있다.

대한민국임시정부는 1919년 4월 22일에 차장제를 폐지하고 위원 제도로 개편하였다. 이에 따라 조소앙은 국무원 비서장을 사임하고 조완구趙琬九(1881~1954), 조동호趙東祜(1892~1954) 등과 함께 5인의 국무원 위원 중 1인으로 선출되었다. 그 다음 날에는 제3회 의정원회의가 개최되어 조소앙 등이 기초한 임시의정원법이 결의되었다. 이후 개회된 의정원회의에서는 정부 통합 문제 등의 논의되었는데, 조소앙은 참석하지 않았다.

유럽에 가서 독립 외교를 전개하다

조소앙은 파리강화회의에 참석한 김규식의 활동을 지원하기 위해 파리로 갔다. 신한청년당 대표로 파리에 파견되었던 김규식은 대한민국임시정부가 수립되자 외무총장 겸 파리위원부 대표가 되어 임시정부의 전권대표로서 독립 외교 활동을 추진하였다. 이에 조소앙은 유럽으로 가서 김규식의 독립 외교 활동을 돕고자 하였다. 그는 파리에 도착하여 김규식, 이관용李灌鎔(1894~1933), 여운홍呂運弘(1891~1973) 등과 함께 파리강화회의에 참석하여 한국의 독립을 요구하고자 하였다. 그러나 한국 대표단은 파리강화회의에 참석하지도 못하였고, 파리강화회의에서 한국 문제는 논의조차 되지 않았다.

김규식은 파리강화회의를 통한 독립 외교가 실패로 끝나자 파리위원부 위원장을 사임하고 1919년 8월에 미국으로 건너갔다. 그러나 조소앙은 유럽에 체류하면서 유럽의 사회주의자들을 독립 외교의 상대로 삼았다. 그는 유럽의 사회주의 세력들로부터 한국의 독립에 대한 지지를 이

민국사회당대회 개최장소였던 스위스 루체른의 쿠잘 빌딩

끌어내기 위해 다양하게 노력하였다.

조소앙은 스위스 루체른에서 1919년 7월에 만국사회당대회가 개최된다는 소식을 듣고, 스위스 취리히대학 학생으로 파리위원부 부위원장을 맡고 있던 이관용과 함께 만국사회당 대회 참석을 추진하였다. 조소앙은 이관용과 함께 한국사회당 대표 명의로 만국사회당대회 관계자에게 3년 전에 조선사회당 명의로 한국의 독립 지원을 요청했던 사실을 언급하면서 대회 참석과 발언을 요청하는 문서를 보냈다.

조소앙과 이관용은 만국사회당대회 비서장 명의의 참가 승인 전문을 받고 스위스로 가서 대회에 참석하였다. 그는 한국사회당 대표로서 한국독립승인 결의안을 제출하였다. 여기서 그는 상하이에서 조직된 대한민국임시정부는 민족주의자와 사회주의자가 모두 참여하여 조직되었으며, 미국식의 자본주의나 소련식의 공산주의가 아니라 사회민주주의를 추구하는 정부임을 강조하였다. 유럽의 사회민주주의자들과 이념적 가치 지향이 동일함을 강조함으로써 대한민국임시정부의 승인을 얻기 위한 것이었다. 한국독립승인 결의안은 만국사회당대회에 참석한 25개국의 사회주의 정당 대표의 협의를 거쳐 8월 9일에 정식으로 통과되었다. 이것은 한국의 독립이 국제회의에서 최초로 승인받은 외교적 성과였다.

조소앙은 스위스에 다녀온 직후인 1919년 8월에 네덜란드 암스테르담에서 개최된 제2회 만국사회당 집행위원회에 참석하였다. 그는 집행위원회에 참석한 10개국 대표가 제각기 본국의 국회에서 스위스 회의에서 통과된 한국독립승인 결의안을 통과시키도록 하며, 한국의 독립 문제를 국제인민연맹회에 제출하도록 요구하는 한국독립문제 실행요구안을 제출하였다. 그의 제안은 영국과 벨기에 대표의 적극적인 지원으로 통과되었다.

조소앙은 국제인민연맹회가 독립 외교에 중요하다고 생각하여 동생 조용주와 협의하여 대표 자격을 갖고자 하였다. 이에 조용주는 조소앙의 독립 외교활동을 돕기 위해 국내로 잠입하여 서울에서 안재홍, 이병철李秉澈, 연병호延秉昊(1894~1963) 등과 함께 1919년 6월에 대한민국청년외교단을 조직하였다. 대한민국청년외교단에서는 독립운동 자금을 모집하고 대한민국임시정부에 건의서를 보내 여러 나라와 일본에까지 외교원을 파견하여 독립 외교를 강화할 것을 요청하였다. 그러면서 조소앙에게 신임장을 수여하여 연맹회의에 대한 외교 사무를 볼 수 있도록 조치할 것을 건의하였다. 임시정부에서는 대한민국청년외교단의 건의를 받아들였다. 다만 조소앙을 외교 특파원으로 임명하는 것은 파리에서 활동하고 있는 김규식 특사의 뜻에 따라 처리하겠다고 답하였다.

이후 조소앙이 국제인민연맹회의를 상대로 한 외교 노력은 미주 지역 인사들의 지지에 힘입어 본격적으로 추진되었다. 미국 캘리포니아에서 1919년 12월에 이살음李薩音, 이순기李舜基, 임일任日, 김호金乎(1883~1968) 등에 의해 노동사회개진당이 조직되었다. 노동사회개진당에서는 만국사회당에서 전 세계의 약소민족을 결합한 국제인민연맹 결성 대회에 조소앙을 대표로 파견할 것을 결의하였다.

노동사회개진당으로부터 신임장과 2천 5백 달러를 수령한 조소앙은 만국사회당대회에서 채택한 한국독립승인 결의안을 복사한 문건을 국제연맹이사회 의장에게 전문으로 제출하였다. 문건에는 만국사회당대회에서 한국의 국제연맹 가입을 지지한다는 내용이 포함되어 있었으나, 한국의 국제연맹 가입 요청에 대한 국제연맹의 답신 여부와 가입 승인 여부는 알려지지 않았다.

조소앙은 국제사회주의자들을 대상으로 한 독립 외교활동을 강화하기 위해 1919년 12월 12일에 사회당 명의로 『적자보赤子報』를 파리에서 창간하였다. 『적자보』 창간호는 전해지지 않지만, 12월 20일에 간행된 제2호가 남아 있어 파리에서 전개한 조소앙의 사회주의 운동의 일단을 엿볼 수 있다.

조소앙은 『적자보』 2호에서 한성과 노령에서 1919년 9월에 수립된 정부와 통합된 대한민국임시정부에 대해 비판적 태도를 취하였다. 그는 통합된 대한민국임시정부가 자신이 마련한 정부의 기초를 파괴하는 것이라고 비판하였다. 특히 평등주의 조항과 강령이 폐기 또는 약화된 것은 평등주의의 발전이라는 세계의 흐름에 어긋나는 조치라고 비판하였다. 그리고 사회당의 강령에 해당되는 「독립경」을 발표하였는데, 이는 『논어』의 문장 스타일로 사회당의 이념을 38개조로 구성된 경전 형식으로 정리한 글이다. 예를 들면 1조에는 『논어』의 「학이」편 첫 문장 형식을 활용하여 다음과 같이 적었다.

독립하면서 자강하면 또한 기쁘지 아니한가! 어떤 나라의 사절이 멀리서 찾아오면 또한 즐겁지 아니한가! 전쟁을 하지 않고도 나라가 멸망하지 않는다면 또한 신의 아들이 아니겠는가!

이렇게 「독립경」은 제1조에서 반전 평화 사상에 기초하여 한국의 독립을 실현하고자 하였으며, 9조에서는 '공산동권共産同權이면 민덕民德이 후덕해진다'고 하여 공산주의적 평등사회 실현이 민중이 추구하는 바임을 명기하였다.

『적자보』에서는 독일의 사회주의 정당이 노동자 중심의 사회주의 정권 수립을 지향하는 것에 대해 긍정적으로 평가하는 등, 유럽의 사회주의 사상을 적극적으로 수용하는 모습이 나타난다. 그러나 사회주의를 기존의 육성교라는 도덕철학적 관점에서 파악하는 경향이 강하게 나타난다. 즉 사회주의를 주로 유교의 민본주의와 균산주의 개념으로 설명하고 있으며, 『예기禮記』의 「예운禮運」편에 묘사된 대동사회를 사회당이 추구하는 이상사회로 그리고 있다. 이는 캉유웨이康有爲(1858~1927)와 량치차오梁啓超(1873~1929) 등 중국의 지식인들이 서구의 사회주의를 유교적 대동사상으로 인식하는 방식과 유사하다. 따라서 그가 결성한 사회당 강령이 유럽식 정당의 정강, 정책과 같은 형식으로 제시되는 것이 아니라 위대한 성현의 말씀을 기록한 경전 형식으로 표현되는 것이었다. 이는 조소앙이 유럽식의 사회주의를 전면적으로 수용하지 않고 비판적으로 수용하면서 자신의 고유한 사회주의 사상을 만들어 가고 있음을 보여준다.

조소앙은「교리의 평론」이라는 글에서 니체, 마르크스, 가토 히로유키加藤弘之(1836~1916), 장빙린章炳麟(1868~1936) 등이 신을 부정하고 무신론을 주장하는 것을 비판하면서 유교, 불교, 기독교 등의 종교 여부를 떠나 하나님의 존재를 믿어야 함을 역설하였다.「사회주의자로서 보고」라는 글에서는 자신이 스웨덴 스톡홀름에서 개최된 만국사회당대회에 조선사회당 명의로 전문을 보내 한국 독립에 대한 지원을 요청했으나 연합국의 방해로 대회 개최가 무산된 일을 보고하였다. 이어 이관용과 함께 스위스에서 개최된 만국사회당대회에 3일간 참여하여 한국독립 승인안을 결의한 성과를 보고하였다.

그는『적자보』에서 대종교인, 불교인, 유교인, 철학자, 기독교인, 회교인이 사회주의자가 될 가능성이 있다고 하였다. 육성교의 가르침과 사회주의는 상통한다고 본 것이었다. 그리고 농민과 노동자는 직접적으로 사회주의자가 될 가능성이 높다고 하면서 국내외 각지에서 노동운동 조직을 결성할 것을 촉구하였다.

조소앙은 1920년 4월에 영국으로 가서 노동당의 토마스Thomas R. Steels, 헨더슨Arthur Henderson(1863~1935), 맥도날드Ramsay MacDonald(1866~1937) 등의 협조를 얻어 영국 하원에 한국의 독립에 관한 4개의 질문을 제기하였다. 첫째 한영통상조약의 만기가 1919년 7월이라는 점, 둘째 3·1운동 시기에 수원 제암리에서 30여 명이 학살당한 데 대한 주한 영국영사의 보고, 셋째 한국인의 정당한 독립 요구에 대한 일본의 불법 행위에 대한 영국의 묵인 여부, 넷째 한국도 국제연맹회의 일원이 되는 것에 대한 의향 등이었다. 그러나 영국 정부로부터 만족할 만한 답을 듣지는 못하였다.

그 후 조소앙은 영국을 떠나 덴마크, 리투아니아, 에스토니아 등지를 거쳐 1920년 10월에 소련의 페테르부르크에 도착하였다. 그는 한 달 정도 페테르부르크에 머물면서 혁명당 본부를 방문하고 11월혁명 기념대회에 참가하여 연설도 하였다. 12월에는 8개국 대표 25인으로 구성된 시찰단의 일원이 되어 약 2개월간 각지를 돌아다니면서 소련의 공산주의 국가 건설 과정을 관찰하였다. 1921년 2월 말에는 모스크바에 도착하여 3월 초에 개최된 공산당대회를 참관하였다. 이후 조소앙은 3월 말에 모스크바를 떠나 이르쿠츠크와 치타를 거쳐 5월에 중국 베이징北京으로 돌아왔다.

무정부주의 독립운동과
대한민국임시정부 수호 운동

한살림을 조직하고 무정부주의 운동을 전개하다

베이징에 도착한 조소앙은 '만주리 선언'을 발표하여 소련 공산주의의 문제점을 비판하였다. 이어 베이징 지역 인사들과 함께 범한독립당을 조직하고자 하였으나 결실을 거두지 못하였다. 이때 조소앙은 중국 국민당 간부 장즈의 초청을 받아 1921년 12월에 상하이로 왔으며, 1922년 1월에는 쑨원과 회담하였다.

　장즈는 무정부주의자로 1903년과 1907년에 『무정부주의』라는 제목의 책을 간행하여 중국에 무정부주의를 초기에 전파한 인물이었다. 1903년판은 일본의 무정부주의 관련 문헌을 번역한 것이었으며, 1907년판은 이탈리아 무정부주의자 마라테스타Errico Malatesta(1853~1932)가 1891년에 저술한 같은 이름의 책을 번역하여 출판한 것이었다. 조

소앙은 일본에서 유학할 때 장즈가 번역한
『무정부주의』를 구입하여 읽었다.

　그리고 조소앙이 중국에 온 뒤인 1913년
에 두 사람은 상하이에서 한국과 중국 인사
들이 연합하여 조직한 신아동제사와 아시
아의 여러 민족이 연합하여 결성한 아세아
민족반일대동당에서 함께 활동하기도 하였
다. 또한 두 사람은 1919년 12월 이후 파
리에서 제각기 자기 나라를 위한 독립 외교
를 함께 펼쳤다. 조소앙은 장즈의 유럽에서
의 활동을 관심 있게 지켜봤다. 이 과정에
서 장즈는 조소앙이 사회당 대표로 유럽에
서 독립 외교활동을 전개한 것을 알게 되었
을 것이다. 이러한 인연으로 장즈가 베이징
에서 활동하던 조소앙을 상하이로 초청하

39세 때의 조소앙(1925)

여 중국 국민당과의 연대 활동을 제안하고
쑨원을 소개시켜 준 것으로 보인다.

　조소앙은 장즈와 협력하면서 1922년 초에 무정부주의 독립운동 단체
인 한살림을 조직하고, 「한살림 요령」을 저술하여 강령과 정책을 구체
화하였다. 이어 1922년 음력 3월에는 한살림당의 경전인 「발해경」도 저
술하였다. 이 두 문건은 한살림 이름으로 저술된 『김상옥전金相玉傳』을 간
행할 때 함께 수록되었다.

『김상옥전』은 순한문으로 쓴 25쪽의 작은 책자로, 서문, 열사 김상옥전, 발해경, 한살림요령 등 네 부분으로 구성되었다. 여기에는 중국인 황제민黃介民, 黃覺의 서문이 수록되었다. 황제민은 서문에서 대한민국임시정부 외무총장 조소앙과 수년간 사귀고 있는 친구라고 하면서 김상옥(1890~1923)과의 인연을 소개하였다. 어느 날 조소앙의 소개로 김상옥을 만나 '인류평등과 세계대동'의 가치를 함께 지킬 것을 굳게 약속했다고 하였다.

장추바이張秋白는 김상옥 열사의 만사輓詞에서 '제국주의를 뿌리부터 근절하여 없애고 인류대동의 세계를 만드는 것이 우리들이 절실히 바라는 바'라고 하면서 김상옥을 '정의를 수호하는 동방의 사자'로 높이 평가하였다. 그리고 "동아시아 피압박 민족이 대연합을 만들어 김상옥 열사가 죽으면서 했던 공작을 공동으로 이어받아 동아시아의 흑막을 걷어내고 세계대동을 반드시 이룩하자!"고 호소하였다. 이러한 점들은 조소앙이 추진한 한살림 조직이 중국 인사들과 연대하는 것이었음을 보여준다고 하겠다.

한살림은 일가一家, 공생公生, 공산共産, 공산公産을 번역한 순수한 우리말로, 사적 소유가 없는 공동체적 삶을 뜻한다. 이러한 공동체에서는 어느 누구도 자유를 구속받지 않아 지배와 피지배의 권력 관계도 성립하지 않는다고 본다. 따라서 한살림이라는 개념은 무정부주의 사상을 한국적 전통 속에서 해석한 용어라고 할 수 있다.

「한살림 요령」에는 조소앙의 무정부주의 사상이 잘 나타나 있다. 「한살림 요령」은 1장 '본의', 2장 '강목', 3장 '당규'로 구성되어 있다. 한살림은 정강과 정책은 물론 조직 규칙도 갖춘 독립운동 정당이었다. 이와 같은 한살림당의 '본의'는 다음과 같다.

한살림은 민주독립 즉 광복만한光復卍韓을 제일보로 삼는다. 현재 한민족은 이중의 노예라는 멍에로 고통을 당하고 있다. 그러므로 한살림은 가난한 사람이 주인이 되어 공동생활을 하는 계급혁명을 제이보로 삼는다. 지금까지 역사상 존재했던 국가는 편협하게 소수로써 다수의 민중을 억압하여 왔다. 그러므로 한살림은 무치無治 즉 정부와 의회에서 벗어나는 것을 궁극적 목적으로 삼는다. 대개 정부와 의회는 결코 절대적인 것이 아니라 자유를 구속할 필요에서 발생한 것이니 장차 몰락할 것이다. 그러므로 간단히 말하면 '독립'은 그 출발점이요. '공생'은 그 경로이며 무치無治이면서 공생하는 것은 그 궁극적 경계이다.

위의 본의를 보면 한살림당은 궁극적으로 무정부 공산사회를 지향하는 무정부주의 정당을 표방하고 있다. 그러나 무정부 공산사회의 실현을 계급혁명이 달성된 후인 장래의 과제로 삼고, 계급혁명도 독립된 후의 과제로 삼는다고 하였다. 이 점에서 한살림당은 현실적으로는 독립운동 정당의 성격을 지닌다고 할 수 있다.

그리고 '강목'에서는 당이 수행해야 할 3단계의 전쟁에 대해 규정하였다. '1단계 30년간의 독립전쟁'에서는 한민족의 자유를 억압하는 자를 물리쳐 만한민국卍韓民國을 건설해야 하며, '2단계 50년간의 계급전쟁'에서는 일체의 생산수단과 이권을 공동으로 경작하고 고르게 나누기 위해 이를 방해하는 세력을 물리쳐야 하며, 3단계에서는 전쟁을 계속하여 노동자와 농민이 무장하여 국가권력을 장악하여 만한卍韓 한살림을 건설하고 나아가 아시아한살림과 세계한살림을 건설한다고 하였다. 그러면 자연적으로 국가권력이 소멸하여 무치의 극락세계를 달성할 수 있다고 하였다. 이어서 조소앙은 7대 실천 강령을 다음과 같이 제시하였다.

1. 불소찬不素餐: 남녀와 귀천의 구분 없이 각자의 능력을 다함으로써 즐거움을 고르게 누릴 수 있도록 한다.

2. 무사권無私權: 계급 차별 제도를 철폐하여 이권을 공유하며, 사적 소유의 특권을 폐지하여 일체의 생산기관을 공유함으로써 한살림을 실현한다.

3. 이성동권異性同權: 도덕, 정치, 경제, 노동, 예술 등 모든 분야에서 남녀는 권리와 의무를 균등하게 향유하여야 한다.

4. 자강대自强隊: 옛 것을 파괴하고 새로운 것을 건설하기 위해서는 무력이 필수적이다. 그러므로 모든 노동자는 정강을 실천하고 사회를 유지하기 위해 자체적으로 무장단을 결성하고 훈련을 해야 한다.

5. 비전쟁非戰爭: 역사적으로 열강들은 침략전쟁을 이용하여 군벌과 재벌이 약소민족과 노동자들을 개와 소나 말처럼 부려먹는 죄악을 저지르도록 하였다. 이러한 화근을 없애기 위해 반드시 전쟁을 금지해야 한다. 다만 약소민족의 독립전쟁과 피압박계급의 자위전自衛戰은 이에 포함되지 않는다.

6. 민족연맹: 국가와 인종의 구별은 본래 인위적으로 만들어진 것이다.

다른 민족과 연대하는 것은 서로 이로운 것이니 반드시 국가와 민족들이 서로 함께 대동세계를 만들어야 한다.

7. 세계 한살림: 민족과 민족이 평등하고 국가와 국가가 똑같아진 후에야 화평할 수 있다. 고르고 안정되면 자연히 세계 한살림이라는 무치의 경계로 진입할 수 있다.

'당규'에서는 당의 명칭, 당기黨旗, 당원의 자격, 권리와 의무, 당의 조직 등에 대해 규정하였다. 당의 조직은 당원으로 구성된 당 대회와 당 대회에서 선출된 위원들로 구성된 집행위원회로 구성한다고 하였다.

또한 본부 외에 지방에 지방 조직을 두었다. 실제로 당무를 집행하는 기구는 집행위원회인데, 위원회는 문사부文事部와 무사부武事部를 두도록 하였다. 문사부는 선전, 교육, 기록, 출판, 연락, 재정 등을 맡도록 하였으며, 무사부는 군사훈련, 군대조직, 전략, 전쟁, 암살, 작탄炸彈, 파괴, 약탈, 파업 등을 맡도록 하였다. 당원의 무장과 전쟁 수행과 함께 암살, 작탄, 파괴, 약탈, 파업 등을 주요 투쟁 방법으로 제시함으로써 다른 무정부주의적 의열투쟁 단체와 유사함을 보여준다.

당의 조직에 관한 규정에서 특이한 점은 당을 대표하는 존재로서 당수, 총재, 집행위원장과 같은 직위를 두지 않았다는 점이다. 당의 주요한 의사 결정은 당 대회에서 선출된 위원들이 위원회에서 협의를 통해 결정하도록 하였다. 그러나 위원회에서 서로 다른 의견이 대립했을 때 어떤 절차를 거쳐 결정을 내리는 지에 대한 규정은 없었다. 이것은 한살림당이 일체의 권력적 지배와 예속 관계를 부정하는 무정부주의 단체이므로 집행위원회에서 위원 개개인이 자유롭고 평등한 존재이면서도 하나라는 공동체 의식이 반영된 결과로 생각된다. 말하자면 한살림당은 당의 조직 원리에서도 평등하고 자유로운 개인의 자유연합적 공동체라는 무정부주의적 지향성을 나타내고 있다.

「발해경」은 『적자보』에 발표된 「독립경」보다 형식과 내용 면에서 조소앙의 사상적 독창성이 더 두드러지다는 점에서 크게 발전한 것이었다.

「독립경」은 유교 경전의 특정 문구의 체제와 의미를 바탕으로 자신의 생각을 덧붙이는 형식이었다. 말하자면 「독립경」은 사회주의라는 새로운 사상에 의거한 독립운동의 의미를 유교 경전의 문체와 의미와의 관련 속에서 소화해 가는 과정을 보여준다. 따라서 그가 새롭게 수용하는 사회주의에 관련된 내용을 기존의 사상 속에서 비슷한 내용을 골라서 자신이 새롭게 해석하여 덧붙인 글을 묶어 놓은 데 머물렀다.

그러나 「발해경」은 '용勇'이라는 단일한 도덕적 가치를 주제로 하여 용기 혹은 용맹의 의미를 다양한 맥락에서 자신의 방식대로 자유롭게 설명하는 방식이다. 이는 조소앙이 용기의 철학에 대한 자기 나름의 이론적 체계를 확립했음을 보여주는 것이다. 한편, 조소앙은 「발해경」을 쓰게 된 경위를 다음과 같이 설명하고 있다.

오른쪽의 40개 장은 모두 용勇에 관한 것이다. 그 글은 그 뜻을 펼치고 그 말을 푼 것이다. 발해의 문장이 전해지지 않을까봐 몹시 두려워하였는데, 꿈에서 계시를 받았다. 내가 1922년 늦은 봄 상하이 프랑스조계 숭산嵩山에 있는 집에 있을 때 꿈을 꾸었다. 꿈에 대조영大祚榮(?~719)이 경전을 읽고 있는 것을 보았다. 잠에서 깨어나니 암송할 수 있었고, 암송하며 자세히 기록하였다. 지은 죄를 알겠으니 오 하늘이시여! 한살림 씀.

이에 따르면 「발해경」은 조소앙이 1922년 늦은 봄 꿈속에서 대조영의 계시를 받은 내용을 기록한 것이다. 그리고 용기의 철학을 담고 있는 경전이라고 하였다. 한살림의 저술로 「한살림 요령」과 함께 수록되어 있으니 한살림당 당원이 배우고 익혀야 할 경전이었다. 따라서 「발해경」은 한살림당 당원들이 용기의 미덕을 함양하고 실천하는 수련 지침서라고도 볼 수 있다.

그런데 우리는 의문을 제기할 수 있다. 왜 용기의 미덕을 함축하는 제목이 아니라 「발해경」이라고 이름을 지었을까? 한살림당의 첫 번째 목표는 '광복만한', 즉 축복의 한국을 광복하는 것이었다. 발해는 광복을 통해 조국을 되찾아 세운 나라였다. 즉 발해는 고구려의 후예들이 조국을 떠나 당나라에서 핍박을 받으며 살다가 고국으로 탈출하여 세운 나라였다. 「발해경」은 발해인들이 조국을 광복한 것을 모범으로 삼아 축복받은 한국을 광복하기 위해 지은 이름이었다. 조소앙은 발해인들이 조국을 광복하는 업적을 세운 원동력을 '용기' 혹은 '용맹'이라는 덕목에서 찾았다.

「발해경」은 1장에서 용기를 '도道의 처음과 끝'이라고 하면서 '굳세어서 쉼이 없다'고 하였다. 9장에서는 '천지에 충만한 것이 용기'라고 하면서 '거센 바람에도 서 있는 것이 풀의 용기'이며, '추운 서리를 맞으면서도 꽃을 피우는 것은 국화의 용기'이며, '어지러운 세상에 처해서도 미혹되지 않는 것은 사람이 용기'라고 하였다. 15장에서는 '천하의 해로운 것을 제거하는 것이 사람의 큰 용기'라고 하였다. 마지막 40장에서는 용기의 도가 지극함을 찬미했다. '아픈 사람이 용기를 얻으면 살고, 약한 사람이 용기를 얻으면 강해지며, 망국의 선비가 용기를 얻으면 흥하는 것'이라고도 하였다. 그리고 "용기는 천지의 피이며, 인간과 사물의 기운이니 용기가 있으면 살고 용기가 떠나면 죽게 된다"는 말로 마무리하였다. 조소앙은 사람은 하늘이 낳은 존재이므로 하늘의 도를 따라야 한다고 보았다.

「한살림 요령」과 「발해경」은 「열사김상옥전」과 함께 묶여 『김상옥전』이라는 이름으로 1925년 1월에 간행되었다. 저자 겸 발행인은 '한살림'이라고 했는데, 한살림당은 무정부주의 독립운동 단체였다. 한살림당은 왜 김상옥 열사의 전기를 간행하면서 당의 취지, 정강, 철학 등을 함께 공개했을까? 김상옥이 1923년에 종로경찰서에 폭탄을 투척한 의거가 언론 보도에 의해 널리 알려지게 되자, 이를 한살림당의 취지를 알릴 수 있는 기회로 활용했기 때문이다.

서울에서 1890년에 출생한 김상옥은 철공장 노동자로 시작했지만, 이내 철공장 경영자가 되었다. 1910년대에는 손정도孫貞道(1872~1931) 목사를 통해 기독교를 받아들였고, 소상공업자로서 철공조합과 동업자회 등을 조직하고 활동하였다. 그는 이종소李鐘昭, 임용호任龍鎬, 김동계金東溪 등과 함께 백영사白英社를 조직하여 일본 물화物貨 배척, 금주와 금연, 토산품 애용 등을 통해 광복을 도모하자는 운동을 전개하였다. 그리고 1919년에 3·1운동이 일어나자 암살, 폭동, 직접 행동 등을 통한 독립운동을 추진하는 비밀 결사 혁신단革新團을 조직하였다. 마침 미국 의원단이 1920년 8월에 방한한다는 소식을 듣고 이를 기회삼아 조선총독부 고관을 암살하려는 계획을 추진하였다. 그러나 거사 직전에 계획이 탄로되어 동지들이 체포되자 김상옥은 중국 상하이로 건너왔다. 김상옥은 상하이에서 김원봉金元鳳(1898~1958)이 이끄는 의열단과 조소앙이 이끄는 한살림당에 가입하면서 민중직접혁명 사상을 갖게 되었다. 이후 1923년 1월에 임시정부와 의열단의 지원을 받고 귀국하여 종로경찰서 폭탄 투척 의거를 일으켰다. 거사를 일으킨 후 일본 경찰과 교전하다가 자결하여 순국하였다.

당시 김상옥의 의거는 국내외의 언론에 대대적으로 보도되어 널리 알려지게 되었다. 그가 의열단원으로서 의열단과 임시정부 지원을 받아 거사를 일으킨 것은 알려졌지만, 조소앙이 추진하고 있던 한살림당에 대해서는 거의 알려지지 않았다. 이에 조소앙은 김상옥의 의거를 한살림당의 존재와 앞으로 독립운동이 지향해야 할 바를 널리 알리는 기회로 삼고자 했던 것으로 보인다. 조소앙은 김상옥의 의거가 단순한 '파괴'가 아니라 '건설'이라는 미래지향적 성격을 지니고 있으며, 이는 복수심에 기초한 의협義俠이나 '민족적 혁명'에 머물지 않는다는 점을 강조하고자 하였다.

조소앙은 김상옥 의거의 의미를 제대로 알리기 위해 먼저 김상옥이 1910년대부터 노동조합과 같은 사회운동과 관련이 있음을 강조하였다. 김상옥과 함께 백영사 조직에 참여했던 이종소와 임용호가 1917년에 미국으로 가서 1919년 12월에 노동사회개진당을 조직했다는 점을 지적하였다. 그는 노동사회개진당을 최초의 해외 한인노동당으로 보았다. 노동사회개진당은 조소앙이 파리에서 1919년에 사회주의자들을 상대로 독립 외교를 전개할 때, 이를 지원하기 위해 조직된 단체였다. 따라서 조소앙은 일찍부터 김상옥이 노동운동에 관련되었음을 강조한 것이었다.

다음으로 조소앙은 한살림당과 김상옥과의 관련성을 지적하였다. 그에 의하면 김상옥은 상하이로 온 뒤에 마르크스주의에 심취하여 사회주의와 무정부주의 관련 서적을 두루 섭렵했다고 한다. 그리고 그가 읽은 책과 문건을 자세하게 나열했는데, 여기에는 의열단의 '조선혁명선언'과 '한살림 정강 및 선언'도 포함되어 있었다. 이러한 독서를 통해 김상옥은 종교적 민족적 혁명 노선을 벗어나 물질적 계급적 혁명가로 진보했다고 하였다. 따라서 김상옥 의거의 궁극적 목적은 민족운동이 아니라 계급혁명과 세계혁명의 제1단계로서의 의미를 지닌다고 보아야 한다고 하였다. 조소앙은 김상옥이 자진하여 한살림에 입당했고, 그 후 몇 달이 지나지 않아 깨우친 바가 많았다고 하였다.

조소앙은 「열사김상옥전」을 통해 김상옥이 한살림당원의 모범적 사례임을 소개하면서 독립운동은 단순한 민족운동에 머물러서는 안 되며 계급혁명과 세계혁명을 지향하는 방향으로 나아가야 한다고 주장하였다. 그는 「발해경」과 「한살림 요령」을 「열사김상옥전」과 합하여 『김상옥전』이라는 이름으로 책자를 간행하였다. 이를 통해 그는 한살림이 민족혁명과 계급혁명을 아우르면서 인류 평등의 대동세계 건설을 지향하는 진보적 혁명 단체임을 알리고자 하였다.

대한민국임시정부에 복귀하다

조소앙은 1921년 12월에 상하이로 돌아와서 1922년 1월부터 장즈와 황제민 등 중국 국민당 인사들의 도움을 받아 무정부주의 독립운동 단체인 한살림을 조직하였다. 한살림은 계급혁명, 무정부 공산사회 건설, 전쟁 반대, 세계 평화 등을 내세웠지만, 독립국가 건설을 가장 중요한 우선 과제로 설정하고 약소민족의 독립전쟁을 옹호하였다. 따라서 국가 권력 자체를 부인하는 무정부사회의 건설은 독립국가 건설 후인 미래의 과제로 설정했다. 이 점에서 그가 계급혁명론과 무정부주의 사상을 수용했다고 하더라도 대한민국임시정부에 의한 독립운동을 부정하는 것은 아니었다. 그는 상하이에서 한살림을 이끌면서 대한민국임시정부에 다시 참여하는 방안을 모색하였다.

조소앙이 상하이로 돌아오자 『독립신문』에서는 「구주로부터 돌아온 조소앙씨의 이야기」라는 제목의 기사를 내보냈다. 이 기사를 통해 조소앙이 대한민국임시정부 초기 의원으로서 유럽에서 한국의 독립 외교를 성공적으로 마치고 상하이로 돌아왔다는 사실이 널리 알려졌다. 이 기사에서 조소앙이 유럽의 사회주의 단체를 대상으로 한 외교를 통해 한국의 독립에 대한 지지를 이끌어냈으며, 유럽 각국의 사회주의 정당 지도자들과 교류했고, 소련에 가서 공산당대회에 참가하고 수개월간 공산주의 혁명의 실제를 시찰하고 온 인물로 소개되었다. 말하자면 그는 1919년 5월부터 1921년 12월까지 1년 7개월간 새롭게 발흥하는 세계 사회주의의 영향을 받고 상하이로 돌아온 임시정부 지도자로 그려졌다.

조소앙은 1922년 6월에 대한민국 임시의정원회의에서 경기도 의원으로 새롭게 선출됨으로써 다시 임정에서 활동하게 되었다. 그리고 언제부터인지는 확정할 수 없으나 임시정부 각료로도 진출하였다. 그는 유럽에서의 외교활동 경험과 중국 국민당 인사들과의 폭넓은 교류로 외무총장의 직책을 맡았다.

그가 외무총장을 맡았던 1923년을 전후한 시기는 임시정부가 여러 가지 문제로 어려운 상황이었다. 임시정부는 출범한 지 얼마 되지 않아 재정, 파벌, 이념, 독립운동 방법론 등의 문제로 분열과 갈등을 겪었다. 이로 인해 임시정부는 당초 기대했던 독립운동 세력의 통합적 지도기관으로서의 역할을 제대로 수행하지 못했다. 이에 독립운동의 통합적 전개를 위한 방안으로 1923년 1월에 국민대표회의가 개최되었다. 그러나 국민대표회의에서는 기존의 임시정부를 개혁하여 재편하자는 개조파와 완전 해체하고 새로운 임시정부를 구성하자는 창조파로 나뉘어 대립하였다.

국민대표회의 개최를 전후하여 안창호를 비롯한 많은 임시정부 인사들이 임정을 탈퇴하였다. 남아 있는 임정 간부들은 국민대표회의 개최를 반대하면서 임정을 옹호하는 입장을 취하였다. 이 시기에 조소앙은 임정을 떠나지 않고 내무총장 김구金九(1876~1949), 재무총장 이시영 등과 함께 외무총장직을 성실히 수행하였다. 1923년 1월에 상하이에서 교민단장 여운형의 사회로 교민회의가 개최되어 국민대표회의에 파견할 상하이 지역 대표를 선거하였다. 이때 임정 내무총장에서 사퇴한 안창호는 국민대표회의 참가에 대해 찬성 발언을 했고, 임정 외무총장 조소앙은 반대하였다. 또한 그는 1923년 6월에 국무총리 노백린盧伯麟

(1875~1926)이 주재하는 창조파와 개조파와의 비공식 협의에 임정 대표로 참석하였다. 이 회의에서 독립운동 지도자들은 의견의 일치를 보지 못했다. 결국 창조파는 '한'이라는 국호를 사용하는 새로운 정부를 수립하였다. 이에 대해 임정 국무원은 포고문을 발표하여 창조파의 정부 수립을 반역 행위로 규정하면서 국민대표회의 해산을 명하였다.

조소앙은 이때 대한민국임시정부 국무원으로서 임시정부를 부인하는 창조파에 대해 비판적인 태도를 취하였다. 창조파에는 사회주의나 공산주의를 추구하면서 임정의 외교 중심 노선을 비판하고 무장 투쟁을 주장하는 인사들이 많았다. 그래서 한국과 국경을 접한 소련의 블라디보스토크에 새로운 정부를 수립하고자 한 것이었다. 그래서 창조파 일부에서는 노백린 대신에 소련 공산주의 혁명에 대해 잘 알고 있는 조소앙을 임정의 국무총리로 만드는 방안을 논의하기도 하였다.

그러나 조소앙은 유럽과 소련을 여행하며 사회주의와 공산주의를 직접 경험하고 그 사상적 영향을 받았지만, 계급혁명은 민족의 독립을 성취한 다음 단계의 과제로 파악하고 있었다. 현 단계에서 가장 중요한 과제는 독립이라는 민족적 과제였다. 그리고 그는 국제사회에서의 독립 외교는 보편적 인류애에 기초한 도덕적 대의명분이 중요하다고 생각하고 있었다. 이런 이유로 그는 창조파와의 사상적 유사성에도 불구하고 창조파에 반대하는 노선을 선택한 것이었다.

조소앙은 관동대지진이 일어났을 때 일본인들이 한인을 학살하는 만행을 저지른 일에 대해 임정 외무총장 명의로 일본의 외무대신에게 항의하는 서한을 발송하였다. 이 서한에서 그는 전쟁 중에도 지켜야할 법도가 있는 법이라고 하면서 재난을 당한 사람을 학살하는 것은 하늘을 거역하는 만행 중의 만행이라고 비난하였다. 이어서 불법 구금한 한국인 1만 5천 명의 즉각 석방, 한인 피해의 진상 조사, 만행을 저지른 반란자에 대한 엄중 처벌 등 3개항을 요구하였다.

1923년에 개최되었던 국민대표회의가 결실을 맺지 못했고, 새로운 정부를 구성했던 창조파의 시도도 소련이 신정부를 인정하지 않게 되면서 실패로 끝났다. 이에 대한민국임시정부의 대외적 위협은 제거되었지만, 내부에서 개혁에 대한 요구가 높아져 갔다. 이번에는 이승만 대통령 탄핵 문제로 임시정부가 홍역을 치르게 되었다. 이승만의 대통령 자격에 대해서는 대한민국임시정부가 출범하는 초기인 1919년 4월에 초대 국무총리를 선출할 때부터 문제가 제기되었다. 이승만이 국무총리 후보로 추천되자 신채호가 이승만이 미국에 한국의 위임통치를 청원했던 사실을 제기하면서 국무총리 자격이 없다고 반대하면서 논란이 분분하였다. 이때 조소앙은 이승만을 총리 후보로 하되, 추가로 두 사람을 후보로 추천하여 투표를 통해 결정하자고 제안했고, 이 제안에 따라 투표가 진행되어 이승만이 초대 총리가 되었다.

그런데 이승만의 위임 통치 청원 문제는 계속 문제가 되었다. 게다가 이승만은 미주에 계속 체류하면서 외교 활동에 주력했기 때문에 상하이에서의 대통령 직무 수행이 제대로 이루어지지 못했다. 이승만 대통령이 주력을 기울여 독립 외교를 펼쳤던 워싱턴회의에서도 소기의 성과를 거두지 못하였다. 이에 이승만 대통령 탄핵안이 1923년 4월에 의정원에 제출되어 이에 대한 논의가 진행되었다. 이와 함께 대통령의 권한을 국무원과 의정원으로 분산하는 헌법 개정에 대한 논의도 이루어졌다.

1924년 4월에는 노백린 대신 이동녕이 국무총리가 되면서 새롭게 국무원이 구성되었다. 이동녕 내각에서는 1924년 9월 1일 부로 임시대통령 '유고有故'를 선언하고 이동녕 국무총리가 대통령 직권을 대리한다고 선포하였다. 이어 1924년 12월 11일에 이동녕이 물러나고 박은식이 임시대통령 대리로 선임되고 신임 내각이 수립되었다. 이후 1925년 3월에 임시의정원에서 이승만 대통령 탄핵안이 가결되고 박은식이 후임 대통령으로 선출되었다.

이승만 대통령 체제의 복원을 도모하다

대한민국임시정부가 출범할 때 조소앙은 위임통치 청원 문제로 이승만의 국무총리 후보 추천에 대한 반대 의견이 제기되었음에도 그를 국무총리로 하자는 의견을 제시했다. 그런데 그가 경기도 의원이면서 외무총장을 역임하고 있을 때 이승만 대통령 탄핵안이 논의되었다. 이에 대해 그는 어떤 태도를 취했을까?

조소앙은 임시정부에 다시 참가한 1922년 이후부터 박은식 임시대통령 대리 체제가 성립되기 직전인 1924년 11월까지 계속하여 외무총장 직책을 수행하였다. 1923년 3월 이후 의정원에서 이승만 대통령 탄핵 문제가 논의되었을 때 조소앙이 의원으로서 어떤 입장을 취했는지는 알려져 있지 않다. 그런데 임시대통령 이승만과 국무원 일동 명의로 「임시대통령령」을 발표하여 이승만의 '유고'를 선언하고 이동녕이 대통령의 직권을 대리한다고 했을 때, 외무총장 조소앙의 이름도 국무원 명단에 포함되었다. 그러나 박은식 임시대통령이 취임하자, 그는 외무총장직을 사임하였다. 따라서 그는 그 이후에 진행된 이승만 대통령 탄핵 절차나 대통령제를 폐지하고 국무령제를 채택한 임시헌법의 개정 작업에는 참여하지 않았다.

조소앙은 1924년부터 3~4년간 하와이에 있는 이승만과 많은 서한을 주고받았다. 조소앙은 서신을 통해 임시정부의 상황을 알렸고, 이승만은 상황을 보고 받으면서 자신의 뜻을 조소앙에게 전달하였다. 조소앙은 이승만을 비판하는 세력들이 대통령을 탄핵하고 헌법을 개정하려는 것에 반대하였다. 그래서 그는 임정 각료직을 사퇴하려고 하였으나, 이승만은 이를 말리면서 내각에 계속 남아 자신에게 계속 정보를 보내달라고 하였다. 조소앙은 임정에 계속 남아 이승만 탄핵을 저지하려고 하였다. 그 결과 탄핵은 막았으나 대통령이 장기간 근무지에 있지 않으므로 '유고'로 처리하여 이동녕을 대통령 직권 대리로 하자는 의견에는 찬성하지 않을 수 없었다. 또 대통령제를 폐지하고 국무령제로 바꾸는 개헌안에 대해서도 찬성하였다.

이승만은 자신의 대통령 지위를 박탈하는 조치를 이해할 수 없다고 하면서 반감을 표하였다. 조소앙은 자신이 누군가를 위해 일하고 있다는 혐의를 피하기 위해 헌법 개정에 동의할 수밖에 없었다고 하면서 이승만의 양해를 구하였다. 그러나 어려운 여건 속에서 임정 각료로 남아 이승만 탄핵을 저지하던 조소앙은 박은식 임시대통령 체제가 출범하면서 외무총장직을 사임하였다.

이승만 대통령 탄핵과 헌법 개정은 조소앙이 임정 내각에서 제외된 상태에서 추진되었다. 이승만은 한성정부의 법통을 내세우면서 자신의 탄핵을 받아들이지 않고, 계속해서 대통령으로서의 역할을 수행하겠다는 입장을 취했다. 이에 조소앙은 이승만 대통령 체제를 복구하기 위한 방안에 대해 이승만과 협의하였다. 그리고 조소앙은 1925년 5월 16일에 이승만에게 다음과 같은 3가지 대책을 제안하는 편지를 보냈다.

우선, 첫번째 대책은 상하이에서 동지회同志會를 중심으로 하는 세력 확대 작업을 후원하면서 지난 번에 자신이 기초하여 보낸 선포문을 발간한다는 것이었다. 이렇게 하면『상해주간上海週刊』을 통해 전후의 사정을 폭로하도록 하여 동지들이 궐기하고 무사 수십 명을 동원하여 정부를 장악하고 신내각을 발표하여 현 정부를 와해시킬 수 있다고 하였다. 이를 위해서는 신헌법이 시행되는 7월 7일 전에 시행되어야 하므로 긴급 자금 몇천 원을 송금해 달라고 하였다. 이것이 상책이라고 하였다.

두 번째 대책은 앞서 자신이 기초하여 보낸 선포문만 발간하여 발표하는 것이었다. 그리고 공명정대한 방법으로 동지회를 확장하되, 박용만朴容萬(1881~1928)과는 아직 제휴하지 말고 이상재李商在(1850~1972)를 내지 대표로 임명하여 실업 문제를 전담하도록 하는 방법을 제의하였다. 동지회를 개혁하여 '무력적 독립주의'를 표방하여 만주 지역의 동지들을 확보하고, 『상해주간』을 후원하여 독립당의 중앙기관지 역할을 맡도록 하자고 하였다. 이렇게 하면 수년 내에 권토중래捲土重來가 가능할 것이라고 하였다.

세 번째 대책으로는 정부의 위치를 옮기는 문제를 생각할 수 있다고 하였다. 즉 하와이에서 의정원회의를 소집하고 정부를 조직하면 된다는 것이었다. 다만 한성정부 문제는 이야기하지 않는 것이 옳다고 하였다. 왜냐하면 헌법을 옹호하면 자연스럽게 한성정부 계통이 부활되고 동지들의 지지를 얻을 수 있기 때문이다. 만일 한성정부 법통을 고수한다면 헌법 문제와 분리되기 때문에 만주 지역에서 지지를 받기 어렵다고 하였다. 조소앙은 이승만에게 의정원의 구속을 면하는 방법으로 한성정부 법통 주장이 유익한 듯하지만, 논거와 이해관계로 보아 중지하는 것이 좋겠다고 건의하였다. 다만 "헌법의 파괴를 좌시할 수 없고 정부의 불법 변동을 묵과할 수 없으므로 비상의 방법으로 위치를 잠시 하와이에 옮기어 인심을 수습하고 대업을 촉진한다는 말로 반포하는 게 좋겠다"고 제안하였다.

이처럼 조소앙은 임시의정원에서 이승만 임시대통령을 탄핵한 조치는 잘못된 것이며 다시 이승만을 중심으로 대한민국임시정부의 지도체제가 확립되는 것이 바람직하다고 생각하고 있음을 알 수 있다. 그는 이러한 생각으로 이승만 대통령이 포고할 선포문을 스스로 기초하여 보냈다. 그 내용을 알 수는 없으나 대체로 탄핵의 불법성과 부당성을 지적하고 이승만 중심의 새로운 정부를 구성한다는 취지였을 것으로 생각된다.

이러한 생각에서 조소앙은 이승만 대통령 체제의 복구를 위한 구체적인 실현 방법을 제안하였다. 그는 상하이에 있는 동지회 세력을 지원하여 무력으로 쿠데타를 일으키는 방법이 상책이라고 하였다. 그것이 여의치 않을 경우에는 장기적인 방법으로 동지회를 무장 독립운동 단체로 확대·개편하여 국내와 만주 지역의 무장 세력까지 통합하여 실질적인 세력을 확대하는 방안이 차선책이라고 하였다. 마지막으로는 하와이에서 정부를 재구성하는 방법도 있지만, 이 경우에는 한성정부의 법통을 내세우는 것은 논리에도 맞지 않고 현실성도 없으니 철회하라고 하였다.

이후 조소앙이 상책으로 제안했던 상하이 동지회 중심의 무장 쿠데타는 발생하지 않았다. 조소앙으로서는 어떤 형태로든 이승만이 거액을 들여 상하이에서 독립운동을 지원하게 되면 이는 임정의 발전에 기여하는 것이라고 생각했을 것이다. 그러나 이승만은 거액을 들여 무력으로 쿠데타를 일으키면서까지 임정의 대통령 지위를 회복할 필요성을 느끼지 못했을 것이다.

두 번째로 조소앙이 제안한 동지회의 개혁과 확대를 통한 정권의 획득 또한 이승만에게는 쉽게 받아들이기 어려운 제안이었다. 그것은 이승만으로 하여금 구미 지역에서의 외교에 중점을 두기보다는 무장 독립 노선으로 변경하고, 국내와의 연결을 긴밀히 하도록 하자는 제안이었기 때문이다. 이승만으로 하여금 자신의 노선을 수정해야 권토중래가 가능하다는 뜻으로 받아들일 수도 있었다.

세 번째 제안은 이승만 정부를 하와이에서 다시 조직하되, 한성정부 법통 주장을 폐기하라는 요구였다. 이승만은 자신이 지금까지 견지해왔던 한성정부 법통 주장의 잘못을 인정하라는 요구이니 받아들이기 어려웠을 것이다.

이승만이 제안을 적극적으로 받아들이는 반응을 보이지 않았지만, 조소앙은 동지회를 중심으로 독립운동 세력을 통합하는 방안을 추진하였다. 그는 새로 상하이에 온 인사를 동지회에 참여시켰고, 중국 지역 동지회의 확대와 발전을 위해 '범한독립당'으로 개혁할 것을 이승만에게 제안하면서 지원을 요청하였다. 특히 단체 명칭으로는 '독립당'이 가장 적합하므로 '독립당'이라는 이름을 먼저 사용하는 것이 중요하다고 하였다. 당시 조소앙의 친형 조용하는 하와이 한인 단체의 지도적 인물로 활동하고 있었다. 이에 조소앙은 이승만에게 조용하와의 협력을 요청하면서 조용하를 통한 통신도 가능하다고 하였다.

특히 그는 중국에서 전개되었던 민족유일당 운동에 동지회가 적극적으로 참여할 것을 요청하였다. 그가 보기에 중국 지역에서는 군웅할거하는 상황으로 믿을 만한 뚜렷한 지도자가 없다고 하였다. 이는 안창호가 흥사단을 중심으로 활발하게 움직이면서 서북파가 주도권을 장악해 가고 있는 상황을 말하는 것이었다. 안창호에 대한 이승만의 경쟁심을 자극하면서 지원을 이끌어내고자 했다. 또한 이동녕과 이시영李始榮 (1868~1953)은 기호파의 지도자로서는 미흡하다고 하였다. 이런 상황에서 그는 이승만이 중국에 관심을 갖고 적극적인 지원을 통해 중국 지역의 독립운동까지도 이끌어야 한다고 생각했다.

조소앙은 중국 인사들과 접촉할 때에도 자신이 이승만의 지명을 받은 대리인 역할을 맡고자 하였다. 자신이 접촉해야 할 중국 인사들에 대해 자세하게 설명하고 그들에게 보낼 자신에 대한 추천서를 우편으로 부쳐줄 것을 부탁하면서 중국 인사에게 자신을 소개하는 이승만 명의의 추천서를 직접 기초하여 덧붙여 보내기도 하였다.

그러나 이승만은 대한민국임시정부와의 관계를 발전시키지 않았다. 그는 조소앙에게 보낸 편지에서 상하이의 대한민국임시정부가 스스로 해체하고 자신이 주장하는 한성정부 법통을 인정한다고 선포하기를 바란다고 하였다. 그는 한성정부 법통론을 고수했던 것이다. 또한 구미위원부를 임정에 예속시키고 재정을 임정으로 일원화하는 조치도 받아들일 수 없다고 하였다. 당초부터 자신이 주장한 대로 상하이 임시정부에서는 만주 지역의 일을, 미주에서는 서구의 일을 각자 책임지고, 주요 사항만 서로 협의하여 처리하는 것이 현명할 것이라고 하였다. 이승만은 미주 지역과 중국 지역이 독립적으로 일을 추진하는 것이 효과적이라는 의사를 표시하였다.

이러한 이승만의 반응은 상하이의 대한민국임시정부에 직접적이고 구체적인 지원 혹은 개입을 요청하는 조소앙의 제안을 거절하는 것이었다. 또 이승만의 한성정부 법통 주장은 초기 상하이 임정 수립의 기초를 닦았던 조소앙의 입장에서는 받아들이기 어려운 사안이었다. 이러한 입장 차이로 인해 조소앙과 이승만의 교류와 협력은 구체적인 결실을 거두지 못했고, 오래 지속되지 못했다.

민족유일당운동 전개와
삼균주의 제창

민족유일당운동에 참여하다

조소앙은 임시정부 외무총장을 사임한 이후 임정과는 거리를 두었다. 홍진이 1926년 7월에 국무령으로 취임한 후, 조소앙을 국무원으로 선임하고 외무장을 맡도록 하였으나 취임하지 않았다. 한편, 1920년대 중반 중국 지역에서는 민족유일당 운동이 전개되었다. 그동안 임시정부가 당파, 이념, 독립운동 방법론 등에서 대립과 분열상을 빚게 되면서 지지기반이 크게 취약해짐에 따라 이념과 노선을 달리했던 세력들은 제각기 독자적인 세력을 강화하는 방향으로 나아갔다. 조소앙도 앞서 보았듯이 이승만을 중심으로 한 동지회 개혁을 통한 독립운동 정당 조직을 생각하고 있었다. 또한 좌파 사회주의 세력들도 조선공산당이라는 비밀 조직을 결성하였다. 따라서 1920년대 중반 이후 독립운동 세력의 통합은 정부 형태가 아니라 통합적인 독립운동정당을 결성하자는 방향으로 나아갔다. 이에 독립운동의 중심이 민족유일당을 결성하는 운동으로 모아지게 되었다.

1926년 초에 상하이의 좌익 사회주의 진영 쪽에서 먼저 '무산無産 운동과 독립운동과의 연합'을 촉성한다는 결의가 나왔다. 그러나 민족유일당 운동은 민족주의 진영의 안창호가 '주의 여하를 불문하고 단합된 통일전선을 결성해야 한다'고 주장하고 '이당치국以黨治國'론에 의거한 '일대혁명당一大革命黨' 결성을 촉구하면서 본격화되었다. 안창호는 좌파의 원세훈元世勳(1887~1959) 등과 함께 '대독립당조직북경촉성회'를 조직했다. 상하이에서는 홍진洪震(1877~1946), 이동녕, 김구金九(1876~1949), 홍남표洪南杓(1888~1950), 조봉암曺奉岩(1898~1959) 등 좌우익 인사들이 함께 1927년 3월에 '한국유일독립당상해촉성회'를 조직하였는데, 조소앙도 이에 참여했다. 이후 광저우廣州, 우한武漢, 난징南京 등지에서도 촉성회가 조직되었다.

중국 관내 여러 지역에서 촉성회가 조직됨에 따라 이들을 하나로 통일하기 위한 작업이 추진되었다. 이에 따라 1927년 11월에 상하이에서 '한국독립당관내촉성연합회'가 개최되었는데, 조소앙은 이동녕, 홍진, 김두봉金科奉(1889~1961) 등과 함께 상하이 측 대표로 선임되어 연합회에 참가하였다. 연합회에서 그는 15인으로 구성된 집행위원 중 1인으로 선정되어 유일당주비회 조직 작업에 참가하였다. 연합회에서는 다음과 같은 3대 강령을 채택하였다.

1. 본회는 한국의 유일인 독립당의 성립을 촉성하는 각 지역 촉성회 조직 주비회 성립에 노력한다.
2. 본회는 한국 독립에 필요한 전 민족적 일체 혁명역량을 총 집중한다.
3. 본회는 우리들의 실상과 세계대세를 비추어 독립당 주비 조직에 관한 계획을 연구 제공한다.

이 강령에 의하면 연합회 인사들은 민족유일당 운동을 성공적으로 추진하기 위해서는 이론적 연구가 뒷받침되어야 한다는 점을 인식하고 있었다. 그리고 그 이론은 한국의 실상에 대한 분석에 기초하고 세계의 발전적 흐름에 부합하는 것이어야 한다고 보았다.

조소앙은 후일 자신이 「삼균제도」라는 글을 저술한 때는 독립당촉성회가 조직되었을 때였다고 회고하였다. 그러나 「삼균제도」라는 제목의 글은 전해지지 않고 있다. 그의 이러한 회고는 민족유일당 운동이 추진되면서 이를 뒷받침할 만한 이론적 작업이 요청되었으며, 그 요청에 따라 조소앙이 삼균제도의 개념을 만들게 되었다는 점을 알 수 있다.

그러나 민족유일당 결성운동은 1928년 이후 지속되지 못했다. 좌우익 양측이 주도권과 조직 방법을 둘러싼 문제로 대립하였기 때문이다. 우익의 민족주의 진영에서는 중앙집권적인 대독립당 건설을 주장하였고, 좌익의 사회주의 진영에서는 노농계급의 주도권 확보를 위해 혁명적 협동전선 결성을 주장하였다. 한편, 코민테른에서는 1928년에 '12월 테제'를 발표하여 노동자 계급의 주도권 확보를 위해 민족 자본가들에 대한 공격을 지시하였다. 이에 좌익 세력은 민족유일당 운동을 해체시키는 방향으로 전환했다. 결국 조소앙이 참여했던 한국유일독립당상해 촉성회는 1929년 10월에 해체되었다.

한국독립당을 결성하고 삼균주의를 제창하다

민족유일당 운동이 실패하자 좌우익 양측은 제각기 다른 독립운동 정당을 조직하는 방향으로 나아갔다. 조소앙은 안창호, 이동녕, 김구 등과 함께 우익 민족주의 세력을 결집하여 대한민국임시정부를 지지하는 독립운동 정당을 결성하고자 하였다. 민족유일당 운동이 추진되는 과정에서 당으로써 나라를 다스린다는 의미인 '이당치국'의 논리가 확산되었고, 이미 대한민국임시정부도 임시헌법을 개정하여 '광복운동자의 대단결인 당이 완성된 때에는 국가의 최고 권력이 이 당에 있음'이라고 하였다. 따라서 독립운동 정당의 결성은 임시정부의 강화를 위해서도 필수적인 상황이 되었다.

임시정부의 지주적 정당을 만들기 위한 노력은 한국독립당 결성으로 결실을 맺었다. 조소앙은 한국독립당에서 주요한 역할을 담당하였다. 그는 발기인으로서 창립 준비 단계부터 참여하였으며, 결성된 이후에는 상무위원으로 선정되었다. 그는 이동녕, 안창호, 이유필李裕弼 (1885~1945), 김두봉, 안공근安恭根(1889~1939), 조완구趙琬九(1881~1954) 등과 함께 '당의黨義'와 '당강黨綱' 기초위원으로 활동하였다.

한국독립당은 비록 민족주의 계열의 인사들이 중심이 되어 조직하였지만, 민족유일당 운동의 성과로 만들어진 독립운동 정당이었다. 따라서 좌우익의 이념적 차이를 극복하는 통합적 성격을 나타내야 했으며, 좌익 공산주의 계열과의 이론적 투쟁에서 우위를 점해야만 했다. 이러한 배경에서 조소앙은 한국독립당의 당의와 당강을 기초하는 작업에 핵심적인 역할을 담당하였다. 한국독립당의 당의는 다음과 같다.

우리는 5천년 자주독립하여 오던 국가를 이민족 일본에게 빼앗기고 지금 정치의 유린과 경제의 파멸과 문화의 말살 아래서 사멸에 직면하여 민족적으로 자존을 얻기 불가능하고 세계적으로 공영을 도모하기 미흡한 지라. 이에 본당은 혁명적 수단으로써 원수 일본의 모든 침탈 세력을 박멸하여 국토와 주권을 완전 광복하고 정치, 경제, 교육의 균등을 기초로 한 신민주국을 건설하여서 안으로는 국민 각개의 균등생활을 확보하며 밖으로는 민족과 민족, 국가와 국가의 평등을 실현하고 나아가 세계일가의 진로로 향함.

이 당의에서 핵심적 가치는 '균등' 혹은 '평등'이다. 자유와 민주의 가치도 평등의 원리 위에 실현 가능한 것으로 파악된다. 또한 이 당의에는 3의 원리가 3중으로 적용되고 있다. 실천해야 할 과제를 3단계로 나누어 파악하였는데, 1단계에서는 민족혁명을 통해 국토와 주권을 광복하는 것, 2단계에서는 균등사회가 실현된 신민주국을 건설하는 것, 3단계는 균등의 세계적 실천을 통한 세계 인류가 하나되어 조화를 이루고 살아가야 한다는 정신인 세계일가의 실현이다. 다음으로는 한 국가 내에 균등을 실현해야 할 분야로 정치, 경제, 교육의 3분야로 나누었다. 또한 균등의 적용 범위를 개인, 민족, 국가의 3가지 수준으로 나누었다.

이와 같이 '평등'의 가치를 중시하면서 혁명 과제를 3단계로 나누어 실천하고자 하는 사고는 조소앙의 경우 1919년부터 확인할 수 있고, 「한살림 요령」에서 구체적으로 나타난다. 이 점에서 한국독립당이 삼균주의의 기본 개념을 마련하게 된 것은 조소앙의 영향이 크다고 할 수 있다. 한국독립당 초기에 채택된 8대 당강은 다음과 같다.

1. 대중에 대하여 혁명의식을 환기하고 민족적 혁명 역량을 총 집중할 것
2. 엄밀한 조직 하에 민중적 반항과 무력적 파괴를 적극적으로 진행할 것
3. 세계 피압박 민족의 혁명단체와 연락을 취할 것
4. 보통선거제를 실시하고 국민의 참정권을 평등하게 하는 기본 권리를 보장할 것
5. 토지와 대생산기관을 국유로 하여 국민의 생활권을 평등하게 할 것
6. 생활상 기본 지식과 필요 기능을 보급함에 충분한 의무교육을 공비公費로써 실시하고 국민의 수학권受學權을 평등하게 할 것
7. 민족자결과 국제평등을 실현할 것
8. 세계일가의 조성에 노력할 것

위의 8대 당강은 내용상으로 세 부분으로 나누어 볼 수 있다. 1~3항은 민족혁명의 방법에 관한 부분으로, 대중적 혁명 역량을 결집하여 민중적 반항과 무장 투쟁을 수행하되 피압박 민족의 혁명운동과 연대한다고 하였다. 4~5항목은 광복 이후 국가 건설 과정에서 실시해야 할 정책

을 제시한 부분으로 보통선거제 실시, 토지와 대생산기관의 국유화, 의무교육 실시 등을 통해 균등사회를 건설한다고 하였다. 7~8항은 삼균주의의 국제적 실천 부분으로 국가들의 평등한 관계 실천을 통해 세계 일가를 조성한다는 것이다. 당강은 당의를 좀 더 세분하여 정책의 내용을 제시하는 형태로 표현되었다.

조소앙은 삼균주의의 이론적 근거와 내용을 구체화하는 작업을 계속하였다. 그는 1930년 4월에 「한국의 현상 및 혁명추세」를 탈고하였다. 이것은 광주학생운동이 일어난 직후인 1929년 11월에 집필한 글이다. 그는 광주학생운동이 일어나던 때에 한국독립당을 조직했다고 하였다. 이 점에서 삼균주의는 광주학생운동과 밀접한 관련이 있음을 알 수 있다. 그는 광주학생운동을 '광주혁명'으로 규정하고, 광주혁명이 발발하게 된 역사적 필연성을 밝혔다. 그는 혁명의 중심세력으로 부상한 학생들이 갖고 있는 교육 문제를 혁명 전략의 중심 개념으로 포착하게 되었다.

「한국의 현상 및 혁명추세」는 삼균주의적 관점에서 한국의 현실을 분석하고 한국 혁명의 역사를 발전적으로 체계화한 글이다. 우선 그는 일본 식민지 치하의 현상을 정치, 경제, 교육의 3부분으로 나누어 분석하였다. 정치적 측면에서는 일본의 가혹한 통치와 억압으로 인해 한국인들이 기본적 자유와 인권이 침해당한 사실을 지적하였다. 이어 경제적 측면에서는 토지와 생산기관을 일본인이 독점하면서 한국인 노동자와 농민이 핍박을 당하고 있는 사실을 지적하였다. 교육적 측면에서는 일본인과 한국인의 차별적 교육의 실상을 지적하면서 교육권이 침해당하고 있음을 지적하였다. 그 결과 한민족의 정치적 각성이 높아지고, 노동자와 농민은 물론 학생층에서도 혁명적 요구가 높아졌다고 하였다.

두 번째로는 한국의 역사 속에서 정치, 경제, 교육상 불평등에 항거하는 혁명의 역사를 개관하였다. 세 번째로는 근대 이후 전개된 한국 혁명의 발전과정을 도식화하였다. 1기는 1863년 대원군의 황족皇族혁명, 2기는 1884년 개화파에 의한 귀족벌족혁명, 3기는 1894년 동학농민의 평민혁명, 4기는 1896년 독립협회의 민권혁명, 5기는 1919년 3·1운동이라는 독립운동이라고 하였다. 이어서 현 단계는 '민중, 청년 남녀 학생과 노농계급'에게까지 혁명이 확산되는 과정이라고 하였다. 이와 함께 사상적으로는 복수심에서 시작하여 국권회복, 반일민족주의, 계급해방으로 발전하여 현재는 민족혁명과 경제혁명을 병진하게 되었다고 하였다. 국가 건설 방면에 있어서는 민주입헌주의에서 한국적인 신사회주의적 계획으로 발전하고 있다고 하였다. 그는 한국독립당이 삼균주의 이념을 채택한 것을 한국 혁명의 발전의 결과로 보았다.

조소앙은 1931년 1월에 탈고한 「한국독립당의 근황」에서 한국독립당을 조직, 군사력, 활동, 주의 및 정강과 정책 4부분으로 나누어 그 특징을 자세하게 설명하였다. 먼저 조직의 특징으로는 한국독립당이 비밀결사이지만 조만간 공개단체가 될 것이라고 하였다. 중국 국민당과 공산당의 제도를 절충하여 영수의 지위를 설정하지 않되 실질적인 중앙집권이 가능하도록 했다고 하였다. 군사력에 대해서는 국내에 군사력이 없으나 해외 각국의 교포로 무장 가능한 정예군은 1만 명 이상이라고 하였다. 활동으로는 상하이의 독립당 본부에서 국내외의 여러 단체를 지휘·통제하고 있다고 하였다. 끝으로 이념 측면에서는 삼균주의, 민주입헌공화국정체를 지향하기 때문에 '일당정치'가 불가피하다고 하였다.

조소앙은 한국독립당과 공산당의 차이를 단계별로 나누어 다음과 같이 설명하였다.

독립당과 공산당은 어떠한 한계선이 있는가? 파괴시기에 전자는 민족대립 투쟁을 수단으로 삼고, 후자는 계급투쟁을 수단으로 삼는다. 전자는 국내 일체의 반일 민중과 국외 피압박 민족과 연합하여 일본 타도를 도모하는데, 후자는 국내의 무산계급과 세계 무산계급이 연합하여 일체의 자본주의 국가를 타도할 것을 도모한다. 건설 시기에 전자는 독립당이 그 정치를 대행하고, 후자는 노농계급이 간판을 걸고 정치를 독점한다. 건국 시기에 전자는 자체의 주권을 옹호함으로써 어떠한 외국 세력의 간섭과 대행 통치를 허락하지 않는데, 후자는 자기 국가를 동일한 주의를 가진 대국에 편입하는 것을 수단으로 삼아 자국의 주권을 인식하지 못한다.

그는 공산당은 세계주의적 계급혁명론에 의한 무산계급 독재를 추구하기 때문에 항일 독립국가 건설을 추구하는 독립당과는 다르다고 하였다. 그는 공산당이 민족 자주권을 부정한다고 비판하였던 것이다.

조소앙은 대한민국임시정부를 지지하는 한국독립당에 참여하면서 다시 임정 국무원으로 복귀하였다. 그는 1930년 6월 6일에 임정 외무장으로 선출되어 이동녕 등과 국무위원회에 참여하였다. 이때는 임시정부의 국무위원회가 집단지도체제로 운영되던 시기였다. 이후 그는 1933년 3월까지 외무장을 맡았다.

조소앙이 임정 외무장으로 활동하던 1930년 10월에 난징에서 제 4차 중국 국민당 중앙집행위원회가 개최되었다. 이 대회에 만주의 군벌 장쒜량張學良(1901~2001)이 참석한다는 사실이 알려졌다. 이에 조소앙은 장쒜량에게 '5·30폭동'으로 인해 핍박을 당하고 있는 만주 동포들의 구원을 요청할 수 있는 좋은 기회로 생각하였다. 그는 박찬익朴贊翊(1884~ 1949)과 함께 임정과 한국독립당의 대표 자격으로 장제스蔣介石(1887~1975)와 장쒜량 등과 만나 한국독립당의 주의와 강령에 대해 설명하였다. 이를 계기로 삼균주의에 기초를 둔 한국독립당이 대외적으로 알려지게 되었다. 이어서 조소앙 등은 '5·30폭동'에 참여했다가 구금된 한인 석방, 한국 독립운동가 보호, 한인의 권리 보호 등 7개항을 중국 측에 요구하였다.

이어 1931년 4월에는 조소앙이 임정과 한국독립당의 취지와 목표를 중국 국민당 정부에 알리기 위해 임시정부 외무장 자격으로 선언문을 작성하였다. 이 선언에서 그는 한민족의 공동 요구는 민주독립국가의 확립과 균등제도의 실현을 통해 '균등제도의 민주적 독립국가'를 건설하는 것이며, 임시정부의 방침은 한국독립당을 근간으로 삼아 균등주의를 실천하는 것이라고 하면서 한국독립당과 중국 국민당의 협력을 강화하자고 요청하였다. 이 선언문은 조소앙 외에도 조완구, 김철金澈(1886~1934), 이동녕, 김구 등 국무위원 전체의 이름으로 중국 국민당 정부에 전달되었다. 이로써 삼균주의에 기초한 임시정부의 독립운동과 국가 건설 계획이 중국 정부에 공식적으로 알려지게 되었다.

한편, 일본 관동군이 1931년 9월에 만주를 침략하자, 중국 땅에서 일본군과 대면하게 되어 한인 독립운동가들이 중국 내에서 직접 항일전쟁을 수행할 수 있는 여건이 조성되었다. 이에 대한민국임시정부에서는 중국과 한중동맹을 맺어 항일전쟁을 공동으로 수행하고자 하였다. 조소앙은 외무장으로서 김구, 김철 국무위원 등과 함께 중국인 치추인稽鑫音, 우청칸伍澄干, 쉬톈팡徐天放, 민쿵모閔公謀 등의 협조를 얻어 한중항일대동맹을 결성하였다. 한중한일대동맹에서는 중국 측의 자금 지원을 받아 여러 차례에 걸쳐 국내 및 만주로 가서 조선총독부 요인과 일본군 요인을 처단하려는 계획을 추진하였다.

한국독립당의 외곽 단체로는 소년운동 조직도 있었는데, 조소앙은 청소년 조직에도 관여하였다. 조소앙은 화랑 정신을 계승하는 것을 중시하였다. 그리하여 자신의 자제들을 중심으로 1929년에 화랑사花郎社라는 소년운동 단체를 조직하였다. 화랑사는 상해한인소년회의 후신인 상해한인척후대와 통합하여 1930년 8월에 상해한인소년동맹으로 발전하였다.

조소앙은 이렇게 상하이 지역에서 한인 소년 단체가 조직되자 그들의 교육을 위한 방안에 대해 고민하였다. 그 결과 그는 신라의 삼국 통일에 일익을 담당한 화랑의 역사를 정리하여 「화랑열전」, 「신라국 원효대사전」, 「사선고四仙考」 등을 집필하였다. 「화랑열전」과 「사선고」는 순한문으로, 「신라국 원효대사전」은 국한문 혼용체로 썼다. 따라서 이 글들이 소년들의 교육용으로 사용되었다고 보기는 어렵지만, 그가 한국의 소년 단체의 역사와 전통에 많은 관심을 가졌음을 알 수 있다.

조소앙은 1933년 3월 이후 임정 국무원을 맡지 않았으나, 1934년 1월부터 1935년 9월까지 내무장이 되어 양기탁梁起鐸(1871~1938) 등과 함께 국무위원회를 이끌었다. 이때는 임시정부가 윤봉길尹奉吉(1908~ 1932) 의거 이후 항저우杭州로 이동하여 활동한 시기였다.

한국독립당도 1934년 1월 말에는 본부를 항저우로 옮기면서 조직을 개편하여 이사장 송병조宋秉祚(1877~1942), 재무장 김철, 선전 이상일李相一, 비서장 김두봉, 특무대장 박창세朴昌世를 선임하였다. 조소앙은 내무장과 총무장을 겸임하였다. 당시 조소앙은 송병조, 김철 등과 함께 한국독립당과 임시정부를 이끌었는데, 이때『진광震光』을 간행하여 선전 활동을 강화하였다.

조소앙은『진광』에 연재한「각국혁명운동사요各國革命運動史要」에서 혁명을 "일정한 주의에 호응된 집단이 폭력으로써 그들과 대립한 통치계급의 모든 기관을 여지없이 전복하고 즉각 그들이 표방하는 주의로서 서로 통치계급을 시설하는 정치운동이다"라고 정의하였다. 그러면서 자유롭고 평등한 인류 사회를 건설하기 위해서는 어떠한 통치계급도 세우지 말아야 한다는 어느 무정부주의자의 주장을 소개했다. 그러나 그는 어떤 계급과 민족을 지배하는 통치기구를 제거하기 위해서는 통치기구, 즉 국가의 재건설 없이는 불가피하다고 하면서 이것이 '혁명의 모순성'이라고 하였다. 이는 그가 20년대 초반 무정부주의를 주장하면서 제국주의 침략전쟁을 부인하지만, 약소민족의 독립전쟁을 긍정한 것과 같은 맥락이다. 조소앙은 혁명 개념에 이어서 한국혁명사의 발전 과정을 기술하였는데, '갑신혁명'과 '동학혁명'까지만 발표되고 중단되었다.

민족단일당 결성 운동에 참여하다

일본은 만주를 침략하여 1932년 3월에 괴뢰정권인 만주국을 세웠다. 이
로써 만주 지역의 한인들은 일본 제국주의의 직접적인 통제와 압박을
받거나 그에 맞서 싸우게 되었다. 중국 관내에서도 일본 제국주의 세력
에 대항하기 위한 직접적인 투쟁의 필요성이 제기되었다. 이에 따라 이
념과 정파에 따라 제각기 독립운동 정당과 단체를 조직하여 활동하던
독립운동 지도자들은 독립운동 진영의 통합을 모색하게 되었다.

그리하여 한국독립당, 한국광복동지회, 조선혁명당, 한국혁명당, 조
선의열단 대표 9명이 상하이에서 한국대일전선통일동맹을 조직하였다.
이 동맹은 중국 지역 혁명단체의 총결집체라고 규정함으로써 개인별이
아닌 집단 혹은 단체 가입 방식으로 구성하는 연합전선 조직을 지향하
였다. 이후 미주 지역 단체도 참여하여 조직이 확대되었다.

조소앙은 1934년 1월에 『진광』에 「혁명단체 연합문제」를 발표하여,
연합전선 조직이 발전할 수 있는 조건 3가지를 말하였다. 첫 번째 조건
으로는 연합 조직에 참가한 각 단체가 자체세력 확장을 도모하는 것은
당연하지만, 연합 조직의 활동과 모순되지 않도록 해야 한다고 하였다.
두 번째 조건으로는 각 단체에서 연합조직의 영도권을 획득하려 하는
것 또한 당연하지만, 그것이 상대방에 대한 음모와 폭로전이 아니라 연
합체의 공동 목표인 항일투쟁에서의 영도권 획득의 방식이어야 한다고
하였다. 세 번째 조건으로는 연합조직은 소속 단체에 대한 통제적 지배
권을 가져야 한다고 하였다. 연합전선 조직체는 소속 단체들이 독자성

을 견지하면서 항일 투쟁 역량을 제고해야 한다는 원칙을 제시했던 것이다.

한국대일전선통일동맹은 난징에서 1934년 3월에 제2차 대표대회를 개최하였다. 이 대회에서는 '대동단결체' 조직 방안이 논의되었다. 이번에는 이전과는 달리 기존의 단체들을 모두 해소하고 단일한 '대동단결체'를 조직하는 방향으로 논의가 진행되었다. 이어서 대일전선통일동맹은 4월에 가장 완전한 대동단결체를 결성하기 위한 대표자대회를 소집하였다. 이 대회에 참여할 각 단체 대표는 새로운 대동단결체의 주의, 강령, 정책 등에 관한 초안을 갖고 참석해야 한다고 하였다.

이러한 제안에 대해 임시정부와 한국독립당 내에서는 참가 여부를 둘러싸고 찬반 논의가 발생하였다. 송병조와 차리석車利錫(1881~1945)은 임정 수호를 주장하면서 민족단일당에 참가하는 것을 거부했지만, 조소앙은 김규식, 조동호趙東祜(1892~1954), 양기탁, 유동열柳東說(1879~?) 등과 함께 찬성하는 입장이었다.

조소앙은 1934년 5월에 『진광』에 「대당 조직 문제」라는 글을 기고하였다. 그는 과거 민족유일당 운동이 실패하게 된 이유로 '일정 공동한 주의 정책이 없었던 것', '인물적 중심 세력이 없었던 것', '조직 동기와 목적이 불순하였던 것' 3가지를 열거하면서 '대당', 즉 '민족유일당'을 조직하기 위해서는 각기 자기 단체에 충실하면서 연합운동에 노력해야하는 동시에 개인 단위로의 연결에 힘써야 한다고 주장하였다.

그는 자신의 주장이 언뜻 보기에는 모순되어 보이지만, 현재의 연합체 조직 활동에 충실하면서 일정한 주의와 정책의 통합을 기하는 동시에 민족단일당이 조직될 경우는 개인 단위 가입을 위한 개인적 연결망을 구축하라는 의미라고 하였다. 말하자면 그는 한국대일전선통일동맹이 민족단일당 조직으로 발전하기 위한 방향을 제시했던 것이다.

또한 당시 조소앙이 내무장으로 있던 임시정부에서는 민족단일당의 전제 조건으로 임시의정원의 직권을 대행할 만한 권한과 역할을 가져야 하며, 국토의 광복과 함께 정치, 경제, 교육의 균등에 기초한 신민주주의 국가 건설에 집중해야 한다는 점을 내세웠다. 이를 보면 조소앙은 민족단일당의 지도 이념으로 삼균주의를 채택하고자 했고, 이를 계기로 삼균주의 이념을 한국 독립운동의 통합적 지도 이념으로 확립하고자 했던 것으로 볼 수 있다.

한국독립당을 해체하고 민족혁명당에 참여하다

조소앙은 1934년 6월 이후 한국독립당의 총무장과 내무장을 겸하고 있었다. 그는 한국대일전선통일동맹이 추진하는 민족단일당 운동이 삼균주의를 지도 이념으로 하여 독립운동의 역량을 총결집할 수 있는 기회로 생각했다. 이에 그는 한국대일전선통일동맹이 1935년 6월 말부터 난징에서 개최한 각 혁명단체 대표대회한국독립당에 대표로 참가하였다.

한국독립당의 조소앙과 최석순崔錫淳(1889~?)이 대표였고, 양기탁이 정대표였고, 김두봉, 박창세朴昌世, 이광제李光濟가 부대표였다. 이 대회에서는 단일당을 조직할 경우 각자의 조직을 해체한다는 해체안을 갖고 참가한 한국독립당, 조선혁명당, 의열단, 신한독립당, 대한독립당 5개

단체만이 대표 자격을 획득하였다. 이들 5개 단체 대표들은 각 단체와 한국대일전선통일동맹을 해체하고 민족단일당을 조직하기로 합의하였다. 이에 민족단일당으로서의 조선민족혁명당이 1935년 7월 5일에 창립되었다.

　조소앙은 조선민족혁명당의 당의, 당강, 정책 기초위원으로 선정되어 민족단일당의 이념과 노선 정립에 주요한 역할을 수행하였다. 민족혁명당의 '당의'는 다음과 같다.

　본 당은 혁명적 수단으로서 구적仇敵 일본의 침략 세력을 박멸하여 5천년 이래 독립 자주해 온 국토와 주권을 회복하고, 정치, 경제, 교육의 평등을 기초로 한 진정한 민주공화국을 건설하여 국민 전체의 생활 평등을 확보하고 나아가서 세계 인류의 평등과 행복을 촉진한다.

　민족혁명당의 '당의'는 조소앙 등이 1930년에 기초한 한국독립당 '당의'와 기본적으로 동일하다. '원수 일본'이 '구적 일본'으로 바뀌고, '신민주국'이 '진정한 민주공화국'으로 바뀌었을 뿐, 광복, 건국, 세계평화의 3단계 혁명론과 정치, 경제, 교육 3분야의 평등이라는 삼균제도론은 기본적으로 동일하다. 말하자면, 민족혁명당은 삼균주의에 기초한 '당의'를 채택하였던 것이다. 그리고 민족혁명의 '당강'은 다음과 같다.

　1. 구적仇敵 일본의 침략세력을 박멸하여 우리 민족의 자주독립을 완성한다.
　2. 봉건세력 및 일제 반혁명 세력을 숙청하여 민주집권의 정권을 수립한다.

3. 소수인이 다수인을 박해하는 경제제도를 소멸하여 국민생활상 평등의 제도를 확립한다.

4. 1군을 단위로 하는 지방자치제를 실시한다.

5. 민중무장을 실시한다.

6. 국민은 일체의 선거권과 피선거권을 가진다.

7. 국민은 언론, 집회, 출판, 결사, 신앙의 자유가 있다.

8. 여자는 남자의 권리와 일체 동등으로 한다.

9. 토지는 국유로 하여 농민에게 분급한다.

10. 대규모의 생산기관과 독점적 기업을 국영으로 한다.

11. 국민 일체의 경제적 활동을 국가의 계획 하에 통제한다.

12. 노농운동의 자유를 보장한다.

13. 누진율의 세칙을 실시한다.

14. 의무교육과 직업교육은 국가의 경비로써 실시한다.

15. 양노, 육영, 구제 등 공공기관을 설립한다.

16. 국적國賊의 일체의 재산과 국내에 있는 적 일본의 공·사유 재산은 몰수한다.

17. 자유, 평등 호조의 원칙에 기초한 전 세계 피압박민족해방운동과 연결·협조한다.

민족혁명당의 17대 강령은 한국독립당의 8대 '당강'과 비교할 때 항일 독립을 추구한다는 점, 정치, 경제, 교육 등 세 분야에서의 평등주의 정책으로 보통선거제, 토지국유제, 무상교육제를 실시한다는 점, 세계의 피압박민족운동과 연계한다는 점에서는 일치하였다. 그리고 민중의 무장을 통해 적대 세력에 대한 파괴적 투쟁을 지향한다는 혁명성에 있어서도 서로 상통하였다.

그러나 민족혁명당과 한국독립당은 '당강'에서 약간의 차이를 보인다. 한국독립당은 이른바 혁명적 투쟁에 있어서 민중적 반항과 무력적 파괴라는 다소 추상적인 표현을 사용하였다. 이에 비해 민족혁명당은 민중무장, 노농운동 등 혁명 주체를 명시하면서 봉건세력 및 일체 반혁명 세력의 숙청을 통한 민주집권의 정권을 수립한다고 하여 혁명의 주체, 방법, 목표를 구체적으로 명시하였다. 또한 한국독립당의 '당강' 8개 항목 중 국가 건설 내용은 정치, 경제, 교육으로 단순화하여 명기하였다. 그런데 민족혁명당의 '당강'은 17개 항목 중 15개의 항목이 국가 건설에 관한 내용이다. 국제연대 혹은 세계 평화와 관련된 '당강'은 한국독립당이 8개 중 3개의 항목인데 비해 민족혁명당은 17개 중 1개였고, 그것도 제일 끝에 거론하였다.

한국독립당과 민족혁명당의 '당의'와 '당강'을 비교해 보면, 민족혁명당의 '당의'는 한국독립당의 '당의'와 동일하였다. 따라서 '당의'만을 보면 조소앙의 삼균주의가 민족혁명당에도 그대로 채택되었다고 할 수 있다. 그러나 '당강'을 구체적으로 비교하면, 분량 면에서 한국독립당은 항일독립운동의 전략과 국가건설계획이 균형을 이루고 있는데 비해, 민족혁명당은 국가건설계획에 해당되는 내용이 항일독립운동을 압도하고 있다. 한국독립당은 평등주의 국가 또는 균등사회 건설론을 3항목으로 단순화하였는데, 민족혁명당은 15개로 세분화하였다. 게다가 무장한 민중에 의한 봉건세력 및 반혁명세력의 숙청, 즉 계급혁명을 통한 민주집권의 정권 수립이라는 집권 전략까지도 포함하였다.

이에 대해 조소앙의 삼균제도가 구체화되어 민족혁명당의 정강에 반영되었다고 해석할 수도 있지만, 그와 정반대로 삼균주의가 계급혁명론의 일부로 편입되었다고도 해석할 수도 있다. 조소앙은 민족혁명과 계급혁명 두 과제가 모두 필요하다는 점을 인정하였고, 두 과제를 모두 담아낼 수 있는 지도 이념으로 삼균주의를 구상하였다. 그러나 그는 '선 민족혁명 후 계급혁명'이라는 입장을 기본적으로 견지했다. 그러나 민족혁명당과 한국독립당의 '당강'에는 이러한 민족혁명과 계급혁명의 과제가 병렬적으로 나열되어 배치되었다. 이것이 동시적 해결을 뜻하는 것인지 아니면 단계적 해결을 뜻하는지는 상황에 따라 차이날 수 있는 문제였다.

조소앙은 민족혁명당 창당 당시 15인으로 구성된 중앙집행위원회의 위원이 되었다. 한국독립당 출신으로는 조소앙 외에도 김두봉, 최우강崔友江, 崔錫淳, 이광제 등 4인이 되었다. 이어 중앙집행위원회는 서기부, 조직부, 선전부, 군사부, 국민부, 훈련부, 조사부 등 7개로 나뉘고 각부에는 부장과 부원을 두도록 하였다. 중앙집행위원회 위원장은 공석으로 두어 실질적인 권한이 서기부 부장에게 주어졌는데, 서기부 부장은 의열단 대표 김원봉이 맡았다.

조소앙은 신익희와 함께 김규식이 부장으로 이끄는 국민부 부원으로 배정되었다. 국민부는 국내외 대중 단체 조직과 해외 자치 기관의 지도 등을 맡은 부서로, 국내과와 해외과로 나뉘었다. 이러한 조직 구성으로 볼 때 조소앙은 민족혁명당 내에서 지도적 위치를 차지하지 못하였다.

민족혁명당을 탈당하고 한국독립당을 재건하다

조소앙은 박창세朴昌世, 문일민文逸民(1894~1968), 김사집金思潗, 이창기李昌基, 박경순朴敬順 등 한국독립당 출신 5인과 함께 한국독립당 동인 명의로 1935년 9월 25일에 「한국독립당 재건 선언」을 발표하고 민족혁명당을 탈당하였다. 그는 한국독립당을 재건하는 이유를 다음과 같이 밝혔다.

> 재건설의 최대 이유는 우리의 순수한 민족주의의 대의를 옹호하고 우리 기미독립운동의 정맥을 유지하고 우리 혁명이론의 체계를 간이簡易하고 명백한 진로에서 추진함으로써 우리 대중의 갈구渴求에 부응하고 우리 독립당의 본령을 고수하고 우리 진영을 정화하고자 하는 데 있을 따름이다.

위와 같이 조소앙은 민족혁명당이 복잡하고 불명확한 이론으로 민족주의적 대의를 벗어나 독립운동 진영을 어지럽혔다고 비판하였다. 이에 3·1운동의 정맥을 계승하여 순수한 민족주의적 대의에 충실한 한국독립당을 재건설하기로 했다고 하였다.

송병조와 차리석 등의 반대를 물리치고 한국독립당을 해체하면서 민족혁명당에 참가했던 그가 이제 와서 민족혁명당을 부인하는 이유는 무엇인가? 그는 한국독립당 임시당무위원회 명의로 1935년 10월 5일에 「고告 당원동지」를 발표했다. 여기에서는 그는 공산당을 배격하고 독립당을 재건해야하는 이유를 자세하게 설명하였다.

우선 그는 과거 한국의 역사 속에서 외세에 맞서 싸워 민족 자주성을

조소앙이 주도적으로 이끌었던 항저우 시기의 한국독립당과 재건 한국독립당의 사무소가 있던 자리

지킨 인물과 외세를 끌어들인 사대주의 인물을 대비시켰다. 이러한 관점에서 민족주의적 대의를 지키는 한국독립당은 사회주의자들의 국제관과는 근본적으로 다르다고 하였다. 그에 의하면 공산주의자들은 '민족의 경제 문제만을 중시하여 국가의 말살과 주권의 포기', 즉 민족 자주성을 부정하기 때문에 민족주의와는 양립할 수 없다고 하였다. 마르크스주의에 의한 급진적 계급혁명론에 의거한 국제주의 노선은 궁극적으로 독립된 민족국가의 건설을 부정하는 것이라고 보았다. 또한 그는 공산주의자들의 무산계급 독재론도 민주주의를 부정하는 것이라고 보았다. 이와 같이 그는 공산주의를 비판하면서 한국독립당이 지향하는 바에 대해 다음과 같이 말하였다.

국가의 본질상 민족적 통일 계획이 국가의 중추신경이 되지 않을 수 없으니 우리 당은 신민주주의의 기본 강령에 기초하여 정치, 경제, 교육의 균등화를 제창하는 것이다. 이것이 곧 삼균주의의 안목이기 때문에 국가를 광복함과 동시에 1차 방정식적 신건설로써 이중혁명의 위험을 방지·보장하기 위한 것이다.

이처럼 조소앙은 '신민주주의의 기본 강령에 기초하여 정치, 경제, 교육의 균등화', 즉 삼균주의를 지도 이념으로 채택한 한국독립당 재건을 내세웠다. 그가 말하는 신민주주의는 이전의 역사에서 존재한 적이 없기 때문에 새롭다는 뜻을 나타내기 위해 만든 용어이다.

그는 프랑스와 미국식의 자본주의적 민주주의는 실제로는 지식인과 부유층의 독재에 불과한 것이며, 소련식의 프롤레타리아 민주주의는 계급독재에 불과하다고 하였다. 기존의 민주주의는 정치, 경제, 교육 중 어느 하나의 균등만을 추구했고, 특정 계급의 주도에 의한 민주주의를 추구하기 때문에 실제로는 특정 계급의 독재에 지나지 않게 된다는 것이었다. 그에 비해 정치, 경제, 교육의 균등화를 추구하는 삼균주의는 민족 대다수의 집체적 총기관을 설립함으로써 소수가 다수를 통치하는 착취기계인 국가 또는 정부를 근본적으로 부인한 '다수 자신'이 '다수 자신'을 옹호하는 자치 기능의 임무를 충실히 실천할 수 있는 독립정부를 수립하는 것이라고 하였다.

따라서 삼균주의는 외국의 민주주의와 다른 것으로, 우리 민족의 역사와 상황에 적합한 '조선식 민주주의'를 지향하는 것이라고 하였다. 그리고 이러한 신민주주의 민족국가를 건설하고자 하는 것은 공산주의의 이중혁명론이 초래할 위험을 방지하기 위한 것이라고 하였다.

조소앙은 삼균주의가 추구하는 '조선식 민주주의'와 공산주의와의 차별성을 부각시키기 위해 유물론과 국학파를 비교하였다. 즉 공산주의가 유물론 철학에 기초하고 있는 것과는 달리 삼균주의가 추구하는 신민주주의의 철학적 기초는 한국학의 전통 철학 이론에서 찾을 수 있다고 하였다. 한국 국학의 철학은 유물론이 아니라 심心과 물物의 일체성, 이理와 기氣의 원융일여圓融一如, 하늘과 인간의 일체성에 토대를 둔 천인무간天人無間이라고 하였다. 즉 한국의 선현들의 철학은 "심외무물心外無物이요, 물외무심物外無心의 묘리妙理를 직각直覺한 것"이라고 하였다. 이러한 국학의 철학적 정맥을 계승하여 한국독립당은 유물론과 유심론을 모두 배격하고 물심物心 문제의 상대성을 인식하여 '즉심즉물即心即物의 진리와 즉리즉기即理即氣의 묘해妙解'를 철학적 기초로 삼는다고 하였다.

조소앙은 한국독립당이 추구하는 가치를 민족주의와 민주주의라고 보았다. 그러나 삼균주의는 전통적인 기존의 민족주의와 민주주의의 기본 철학과 가치를 고수하되 이를 한 단계 발전시켰다는 점에서 '신민족주의'와 '신민주주의'라고 하였다. 정치적 균등만을 추구하는 서구의 민주주의는 결국 지식인과 부유층의 독재에 불과하며, 경제적 균등만을 추구하는 소련식의 민주주의는 무산계급 독재에 불과하다고 하였다. 또한 삼균주의는 유물론과 유심론 중 어느 하나의 철학에 기초하는 것이 아니라 한국의 역사 속에서 형성된 '즉심즉물'이라는 '물심일여' 철학에 바탕을 두기 때문에 민족이 전체로서 하나가 되는 민주주의를 지향한다는 것이다. 따라서 그것은 '조선식의 신민주주의'일 수밖에 없다고 하였다.

조소앙은 한국독립당 재건을 기치로 내세우면서 자신이 1930년에 한국독립당을 창립할 때 기초한 삼균주의를 전면에 내세웠다. 그는 박승환朴昇煥(1869~1970) 장군의 자결 순국을 기념하는 선언문을 한국독립당 명의로 1936년 8월 1일에 발표하였다. 그는 이 선언문에서 한국독립당이 삼균주의를 표방한 지 7년이 되었다고 하면서 삼균주의를 신앙하고 실행하는 자는 누구나 '한국독립당의 신도'라고 할 수 있다고 하였다.

조소앙은 같은 해 8월 29일에도 역시 한국독립당 명의로 「한망韓亡 26주년 통언痛言」을 발표하여 한국과 중국의 공동 항일전선 구축의 필요성을 역설하였다. 이를 위해 그는 한국독립당은 일본 타도를 통한 대한민국의 건립, 민주공화국 수립, 삼균주의 실행, 동삼성과 내외몽고 지역의 중국 영토 인정, 중국 국민당과의 협력, 제국주의와 군국주의 부인 등 5대 노선을 취하고 있다고 하였다. 삼균주의에 대해서는 많은 부분을 할애하여 그 내용을 자세하게 설명하였다. 이렇듯 그는 한국독립당 재건 선언 후 삼균주의를 전면에 내세우면서 활동하였다.

삼균주의의 이론을 체계화하다

조소앙 등이 민족혁명당을 탈당하고 한국독립당 재건을 선언하자 민족혁명당에 참여했던 인사들은 민족혁명당은 공산주의 정당이 아니며 조소앙 등이 제시하고 있는 삼균주의를 지도 이념으로 채택하고 있다고 하였다. 그리고 조소앙의 탈당 명분을 부정하고 그를 분파주의이며 기회주의자로 매도하였다. 이와는 달리 민족혁명당에 합류하지 않았던 우익 민족주의 세력은 환영하면서 한국독립당 재건파와의 협력을 모색하였다.

조소앙은 자신의 기대와는 달리 민족혁명당의 주도권을 김원봉 등 좌익 세력들이 장악하게 되자 탈당 전부터 임정 수호를 이유로 민족혁명당에 불참했던 송병조, 차리석 등과 협력하여 한국독립당 재건과 임정 강화 방안을 모색하였다. 따라서 그는 민족혁명당 탈당 직후부터 송병조 등과 협력하는 한편, 뒤이어 민족혁명당을 탈당한 홍진, 조성환曹成煥(1875~1948) 등과 협력하여 홍진을 한국독립당에 참여시켰다.

그러나 조소앙과 송병조의 협력은 원활하게 진행되지 못하였다. 조소앙이 과거에 임정의 재정 문제로 김구와 대립한 적이 있었기 때문에 김구의 임정 참여를 반대하였기 때문이다. 그러자 송병조는 조소앙과 협력하기보다는 한국국민당을 이끌고 있었던 김구와의 협력을 통해 임정의 위상을 강화하는 쪽을 선택했다.

이후 조소앙의 한국독립당 재건파는 중국 인사들의 재정적 지원으로 세력을 근근이 유지하였는데, 당원은 대략 20명 정도였다고 한다. 게다가 항저우에서 진장鎭江, 창사長沙, 광저우廣州, 류저우柳州, 치장淇江 등으로 임시정부와 함께 유랑하면서 명맥만을 유지하는 상황이 계속되었다.

민족혁명당은 임시정부에 비판적이었던 세력이 '이당치국'의 논리에 따라 임정을 대체할 만한 민족유일당 건설을 지향하면서 만든 것이었다. 따라서 조소앙은 민족혁명당 참가와 함께 대한민국임시정부와 거리를 갖게 되었다. 그는 3개월 만에 민족혁명당을 탈당하여 임시정부로의 복귀를 도모하였지만, 상황이 여의치 못했다. 조소앙은 1935년 10월에

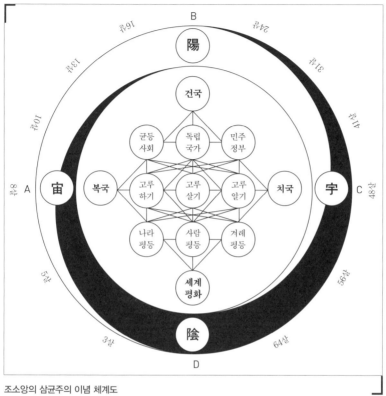

조소앙의 삼균주의 이념 체계도

임시정부 국무위원에서 사직 처리된 이후 1939년 10월까지 임시정부의 내각에 참여하지 못했다. 그러나 1935년 11월에 의정원 소속 3인으로 구성된 상임위원으로 피선되어 1년간 활동하였다. 1936년 11월부터는 의정원 의원으로 지냈으며, 1937년 10월에 다시 상임위원으로 선정되어 활동하게 되었다.

조소앙은 한국독립당을 해체하고 민족혁명당에 가입했다가 민족혁명당을 탈당하면서 한국독립당 재건을 추진하는 모순적 선택을 하게 되었다. 그리고 그 결과는 그로 하여금 독립운동계에서 고립되는 처지로 만들었다. 그의 외롭고 힘든 상황은 1939년 10월까지 4년 정도 지속되었다. 그렇지만 이러한 정치 행보와 정치적 고립은 스스로에게 삼균주의가 무엇인지 근본적인 질문을 던지도록 만들었으며, 그에 대한 답변을 구하는 과정에서 삼균주의의 이론 체계를 더욱 구체화하였다. 또한 그의 정치적 고립은 오히려 그의 사상적 자유 공간을 확보하는 것이었기에, 삼균주의를 자신의 사상과 철학으로 정립할 수 있는 시간이기도 했다.

조소앙은 정치가라기보다는 이론가 혹은 철학자에 가까웠다. 1910년 이후 종교와 철학에 대한 독자적 학습을 통해 1914년에 '일신교'라는 신흥종교를 만들었으며, 1920년대 초반에는 한살림이라는 무정부주의적 독립운동 정당을 조직하여 당의 철학으로 「발해경」을 저술하였다. 그리고 1930년대 중반에 그가 제기한 문제는 독립운동 정당의 지도 이념으로 제시한 삼균주의의 철학적 기초는 무엇인가였다.

삼균주의는 공산주의의 유물론의 오류를 지적할 수 있는 철학이어야만 했다. 그는 삼균주의의 철학적 기초를 '물심物心', '이기理氣', '천인天人' 등 모든 이원론을 배격하고 일원론으로 파악하는 국학파의 원융화해圓融和諧와 조화와 통일을 추구하는 사상적 전통에서 찾았다. 그가 「소앙기설素昻氣說」을 저술하여 '기즉리氣卽理와 이즉기理卽氣'의 묘리를 설파한 것은 공산주의의 유물론에 필적할 삼균주의의 철학을 정립하기 위한 노력이었다. 일원론적인 통일적 세계관은 1910년대 이후 그의 일관된 사고였다.

이제 삼균주의는 특정 정당의 정강과 정책에 반영되는 '삼균제도'로서 여러 사람들의 토론과 합의에 의해 도출되는 형식에 머물지 않았다. 조소앙은 우익 중심의 한국독립당과 좌우합작의 민족혁명당에 참가한 경험을 갖게 되었고, 한국독립당과 민족혁명당은 '당의'와 '당강'을 삼균주의 이념으로 채택하였다. 그러나 조소앙은 이제 그들과는 다른 정당 조직을 갖게 되어 그들과 구별되면서도 우위에 서는 삼균주의 이론 체계를 심화하여 발전시켜야만 했다. 이러한 필요에서 그는 삼균주의를 여타의 이론과는 다른 '신민족주의'와 '신민주주의' 개념으로 설명하고자 하였다. 이것은 삼균주의가 철학적 세계관에 기초한 정치 이론으로 심화되었기에 가능한 인식이었다.

한국광복운동단체연합회에 참여하다

조소앙이 한국독립당 재건 작업을 추진할 무렵, 민족혁명당에 반대하는 민족주의 세력이 대한민국임시정부를 중심으로 재결집하려는 움직임이 나타났다. 민족혁명당에 참가하지 않았던 김구, 이동녕, 송병조, 조완구, 차리석, 이시영 등은 한국국민당을 결성하였다. 한국국민당은 한국독립당과 동일하게 '당의'와 '당강'에서 삼균주의를 주요 이념으로 채택하였다. 또한 '당강'에서는 '임시정부를 옹호·진전시킬 것'이라고 하여 임정을 강화하기 위한 목적을 분명하게 제시하였다.

또한 이청천李靑天(1888~1957), 최동오, 유동렬, 박창세 등은 민족혁명당을 이탈하여 조선혁명당을 조직하였다. 이들은 민족혁명당을 반민족주의 정당이라고 비판하고 자신들을 순수 민족주의자라고 하였다. 조선혁명당이 내세운 정치 평등의 민주정치 실현, 경제 평등의 국민 생활 평등 조성, 자유평등의 신사회 건설 등의 정강은 삼균주의와 유사하였다.

이처럼 김구의 한국국민당과 이청천의 조선혁명당은 순수 민족주의를 내세우면서 임시정부를 옹호하고 민족혁명당에 반대하며 삼균주의적 이념을 지향하고 있다는 점에서 조소앙이 이끄는 한국독립당 재건파와 이념과 노선에서 일치하는 점이 많았다. 이에 민족주의 계열인 한국국민당, 조선혁명당, 한국독립당의 정당 통합운동이 추진되었다.

한국독립당 재건파인 홍진과 한국국민당의 송병조, 조선혁명당의 이청천은 1937년 7월 초에 난징에서 '삼파 합동의 공동성명서 발표, 임시정부 옹호 및 확대 강화, 각 단체의 대표 2명이 난징에서 공동 사무 처리' 등 3개항에 합의하였다. 그런데 중일전쟁이 발발하자 한중연합을 통한 항일전쟁 수행의 필요성이 제기됨에 따라 통합운동은 빠른 속도로 진전되었다.

이후 1937년 8월 17일에 3개 정당 외에 미주 지역 단체 등이 추가로 참여함으로써 총 9개 단체가 참가한 한국광복운동단체연합회가 결성되었다. 「한국광복운동단체연합선언」에서는 한국광복운동단체연합회가 수행할 3대 과제로 '강력한 광복전선의 건립과 확대, 중요한 당면 공작의 실행, 임시정부 옹호 지지'를 제시하였다. 이어서 한국광복운동단체연합회는 민족단일대당 결성을 목표로 한 것임을 밝히면서 대한민국임시정부에 대해 다음과 같이 말하였다.

정부는 국민을 직접 영도하는 전체성을 확실하게 소유하고 있다. 3·1운동 이래 정부의 수많은 공헌은 이로 말미암은 것이며 앞으로의 활동은 이로 말미암아 증진될 것 역시 당연하다. 당과 정부는 서로 표리表裏 관계여서 서로 떼려야 뗄 수가 없다. 장래 대당은 반드시 정부의 뇌가 되어야 하며 정부는 대당의 신체가 되어야 한다.

이처럼 한국광복운동단체연합회는 '이당치국'의 원리에 따라 임시정부의 두뇌 역할을 할 수 있는 대당으로 확대·발전되기를 추구하였다.

조소앙은 한국독립당 재건파 대표로서 한국광복운동단체연합회 결성 작업에 주도적으로 참여하였다. 그는 1937년 10월에 구성된 한국광복운동단체연합회 선전위원회에 참여하여 창립선언문을 기초하는 등 선전위원회를 주도적으로 이끌었다. 선전위원회는 5개의 당면 공작을 다음과 같이 발표하였다.

1. 민족의 체계적 선전을 확대한다.
2. 한국과 중국 양 민족의 생사는 밀접한 연대성이 있음을 선양한다.
3. 우리의 독립 자유의 새로운 진로를 개척한다.
4. 우리의 당면 공작의 각종 상황을 발양한다.
5. 강도 일본의 일체 만행과 붕괴 과정의 각종 정세를 폭로하여 우리 우방과 약소민족의 혁명동지들에게 제공함으로써 국제 여론이 폭력적 일본을 징토懲討하도록 한다. 이를 통해 두 나라의 수치를 풀고 우리의 빼앗긴 땅을 되찾기를 맹세한다.

이어서 한국광복운동단체연합회는 '우리 조상을 위해서는 조국 강토를 회복하고 동아시아를 위해서는 자유를 쟁취하며 인류를 위해서는 정의를 열고자 한다'고 선언하였다.

한국광복운동단체연합회는 우익 민족주의 세력을 결집하여 중국과 함께 항일전쟁에 참가하여 독립을 쟁취하기 위해 조직되었다. 그런데 한민족의 항일 역량을 결집시키기 위해서는 좌익 사회주의 세력들과도 연대해야만 했다. 중국 국민당의 장제스는 항일전쟁의 승리를 위해 한국인들의 협조를 필요로 했고, 그에 따라 대립하고 있던 김원봉과 김구로 하여금 협력할 것을 요구하였다. 이에 김구와 김원봉은 1939년 5월에 「동지동포들에게 보내는 공개신」을 발표하여 통합을 약속하였다. 그들은 기본적 정강에 합의하고 연맹이나 연합체 형식을 넘어선 실질적인 통합기구를 만들어야 한다는 의견에 동의하였다. 이 무렵 김구는 우익 민족주의 세력의 연합체인 한국광복운동단체연합회를 이끌고 있었고, 김원봉은 좌익 세력의 연합체인 조선민족전선연맹을 이끌고 있었다.

김구와 김원봉의 합의 이후 한국광복운동단체연합회와 조선민족전선연맹측은 통합 방안을 협의하였다. 그 결과 치장에서 한국국민당, 한국독립당 재건파, 조선혁명당, 조선민족혁명당, 조선민족해방동맹, 조선청년전위동맹, 조선혁명자동맹 등 7당 통일회의가 개최되었다.

조소앙은 홍진과 함께 한국독립당 재건파 대표로 7당 통일회의에 참석하였다. 조소앙은 7당 통일회의에서 신익희, 조완구와 함께 주석단으로 선정되어 통일기관의 정강 정책 협의 과정에 참석하였다. 그런데 새로운 통합 조직을 기존 단체를 해산하고 개인 가입 형식의 단일당 형태로 하는 방침이 정해지자 조선민족해방동맹과 조선청년전위동맹이 탈퇴하였다. 나머지 5개 단체는 전국연합진선협회를 결성하고 5당통일회의를 개최했지만, 이번에는 조선민족혁명당이 탈퇴하였다. 이로써 중일전쟁 이후 재개되었던 좌우연합을 통한 민족단일당 결성운동은 좌익 세력의 이탈로 좌절되었다.

대한민국임시정부의
삼균주의 건국 계획 수립

통합 한국독립당 결성에 참여하다

조소앙은 한국독립당 재건파를 이끌고 한국광복운동단체연합회, 7당통일회의, 5당 통일회의, 전국연합진선협회 등에 적극적으로 참여하였다. 그는 우익 민족주의 계열의 인사들과 협력을 강화하면서 중일전쟁 이후 대한민국임시정부를 중심으로 한중 연대에 의한 항일독립전쟁이 수행되어야 한다는 입장을 분명히 하였다.

조소앙은 1939년 10월에 개최된 임시의정원 회의에 경기도 의원으로 참석하였다. 이 회의에서 그는 의원을 대표하여 인사를 하였고, 새로 도착한 의원에 대한 심사도 맡았으며, 상임위원으로서 1938~1939년의 세입세출 결산서를 검토하여 착오가 없음을 증명하였다. 또한 의정원 회의에서 그는 신임 국무위원으로 선출되었다. 신임 국무위원은 조소앙,

이동녕, 김구, 이시영, 조성환, 홍진, 송병조, 유동열, 조완구, 차리석, 이청천 등 모두 11명이었다. 이후 그는 1년간 임정 외무장을 맡았다.

조소앙을 비롯한 신임 국무위원들은 11월에 열린 국무위원회에서 '독립운동방략'을 결의하였고, 임시의정원회의의 통과를 거쳐 12월에 공포하였다. '독립운동방략'에서는 대한민국임시정부 국무원의 6대 임무, 3개년 계획, 10개 부대 행동 등이 계획되었다. 이것은 임정의 독립운동 방략이 연차별로 나뉘어 목표와 비용 등이 구체적으로 명시되었다는 점에서 특징적이다. 그리고 대한민국임시정부, 광복운동자의 통합적 정당, 무장 독립군 등 독립전쟁 수행을 위한 3각 체제를 구축하겠다고 하였다. 이를 위해 광복운동단체들의 통합을 연말까지 완성하겠다고 하였으며, 무장 독립군의 조직 계획을 구체적으로 밝혔다.

이러한 가운데 수년 내에 도래할 광복 이후의 계획도 명기하여 '광복된 국토 위에 민족국가를 건설하여 정치, 경제, 교육 문화 등에 완전한 균등제도를 전 국민에게 균일하게 실행할 것'이라고 하였다. 즉 독립전쟁이 임박함에 따라 당과 광복군 조직을 만들어 당, 정, 군의 3각 협력 체제 구축을 통한 독립전쟁 실천 계획을 구체화한 것이었다. 이를 바탕으로 삼균주의적 균등화 정책은 광복 이후 민족국가를 수립한 뒤에 실시하는 것으로 정리되었다.

조소앙이 1930년대 후반에 참가한 한국광복운동단체연합회나 전국연합진선협회 등에서 추진한 정당통일운동은 결국 결렬되고 말았다. 이에 조소앙은 한국독립당 재건파를 이끌고 이념과 노선이 동일한 김구의 한국국민당과 이청천의 조선혁명당과의 통합 작업을 추진하였다. 그 결과 한국국민당, 조선혁명당, 한국독립당 재건파는 각자의 정당을 해소하기로 결의하여 1940년 5월에 3당이 통합한 새로운 한국독립당이 창립되었다.

한국독립당은 창립 당일에 발표한 '한국독립당 창립 선언'에서 지금까지 3당의 당의, 당강, 당책, 독립운동 인식, 역사적인 혁명 노선 등은 서로 일치하여 합당할 가능성과 필요성이 있다고 하였다. 그리고 3당의 합당을 통해 독립운동의 역량을 강화하여 이를 기반으로 중국의 항일전쟁에 참가함으로써 한국의 독립을 성취할 수 있게 한다고 하였다. 이 선언문을 통해 한국독립당은 당의, 당강, 당책을 세상에 알렸다.

조소앙은 한국독립당의 이념과 정책을 기초하는 과정에서 중요한 역할을 담당하였다. 1940년 5월에 출범한 통합 한국독립당은 1930년에 창립된 옛 한국독립당의 '당의'를 그대로 계승하였다. 1930년대 중반에 한국독립당 인사들이 흩어져서 제각기 조직한 한국독립당 재건파나 한국국민당도 옛 한국독립당 '당의'를 기본적으로 계승하였다. 따라서 삼균주의 이념에 토대를 둔 한국독립당의 '당의'는 1930년부터 기본적으로 변하지 않고 계승되었지만, 7대 당강과 7대 정책은 다음과 같이 바뀌었다.

당강과 7대 정책

1. 국토와 주권을 완전 광복하여 대한민국을 건립할 것

2. 우리 민족 생존의 기본 조건인 국토, 국권, 국리를 적극 보위하며 고유한 문화와 역사를 발양할 것

3. 보선제를 실시하여 국민의 참정권을 평등하게 하고 성별, 교파, 계급

등의 차별 없이 헌법상 국민의 기본 권리를 균등화할 것

4. 토지와 대생산기관을 국유화하여 국민의 생활권을 균등화할 것
5. 국민의 생활상 기본 지식과 필수 기능을 보급함에 충족한 의무교육을 국비로 실시하여 국민의 수학권을 균등화할 것
6. 국방군을 편성하기 위하여 국민의 의무 병역을 실시할 것
7. 평등 호조의 우의로써 우리 국가 민족을 대우하는 국가 및 민족과 더불어 인류의 화평과 행복을 공동 촉진할 것

옛 한국독립당의 8대 당강과 통합 한국독립당의 7대 당강은 정치, 경제, 교육의 균등화를 실시한다고 하여 삼균주의를 강령에 반영하고 있다는 점에서는 공통적이었다. 그러나 강령의 표기 방식과 내용에 있어서는 차이가 나타났다. 8대 당강에서는 민중적 반항과 무력적 파괴라든가 세계 피압박민족의 혁명 단체와의 연락과 같은 독립운동 전략이 3개 항이 있었는데, 7대 당강에서는 독립운동 전략에 관한 내용 자체가 제외되었다. 대신 '광복 후 대한민국의 건립, 민족의 고유한 문화와 역사의 발양, 국민의무병역제에 의한 국방군 편성' 등 3개 항목이 추가되었다.

왜 이러한 변화가 일어났을까? 그것은 정강과 정책을 기초하면서 정강에는 국가건설 계획을 제시하고, 정책에는 독립운동 전략을 제시하기로 하였기 때문이다. 따라서 7대 당강에서는 '대한민국'의 건립이라는 독립국가의 명칭을 전면에 내세우면서 '민족의 고유한 문화와 역사의 발양'을 제일 앞에 내세웠다. 이것은 민족주의적 성격을 보다 분명하게 부각시키는 것으로, 대한민국임시정부의 법통을 계승한 독립국가를 건설

하겠다는 의지의 표현이었다. 그리고 정치, 경제, 교육의 균등화를 실현한다는 계획 외에 '국민의무병역제에 의한 국방군 편성'이라는 목표가 추가되었다. 이것은 한국독립당과 임시정부에서 광복군을 조직하여 항일독립전쟁을 수행하게 되었다는 자신감에 바탕을 두고 국가를 수호할 수 있는 국방군 창설 계획을 밝힌 것이다.

한국독립당은 7대 당책에서 독립전쟁 전략을 다음과 같이 밝혔다.

당책

1. 당의, 당강을 대중에게 적극 선전하여 민족적 혁명의식을 환기할 것
2. 해내외海內外의 우리 민족의 혁명 역량을 집중하여 광복운동의 총동원을 실시할 것
3. 장교 급 무장대오를 통일 훈련하여 상당한 병력의 광복군을 편성할 것
4. 적 일본의 모든 침탈 세력을 박멸함에 일체 수단을 다하되, 대중적 반항과 무력적 전투와 국제적 선전 등등의 독립운동을 확대 강화하여 전면적 혈전을 적극 전개할 것
5. 대한민국임시정부를 옹호 지지할 것
6. 한국 독립을 동정 혹은 원조하는 민족 및 국가와 연락하여 광복운동의 역량을 확대할 것
7. 적 일본에 향하여 항전 중에 있는 중국과 절실히 연락하여 광복운동의 역량을 확대할 것

7대 당책은 독립운동의 구체적 전략을 기술하였는데, 8대 당강에 있

었던 '민중적 반항과 무력적 파괴'라는 항목 외에 선전내용과 투쟁방법을 훨씬 구체적으로 표현하였다. 즉 한국독립당은 대한민국임시정부와 광복군을 중심으로 국내외의 민중혁명 역량을 총동원하여 중국의 항일전쟁에 직접 참가한다는 것이었다.

이렇듯 한국독립당이 출범하면서 독립전쟁과 국가건설의 과제를 '정책'과 '정강'으로 구별하여 표시하였다. 조소앙은 1930년대 이후 삼균주의를 구체화하면서 광복 혹은 복국 시기와 건국 시기로 나누어서 과제와 방법을 체계화하는 작업을 추진하였다. 그 결과 대한민국임시정부의 '독립운동방략'에서 연차별 계획을 수립하면서 광복 시기의 독립전쟁 방략과 건국 시기의 균등화 정책 실시를 통한 국가 건설 방략이 나뉘게 되었다.

이러한 맥락에서 한국독립당에서는 광복 시기와 건국 시기의 과제를 각각 '7대 정책'과 '7대 정강'으로 나누어 좀 더 체계화하게 된 것이다. 이러한 삼균주의 실천의 구체적 전략은 중일전쟁 이후 한국독립당이 광복군을 조직하여 중국과 함께 항일전쟁을 수행할 수 있는 역량을 갖추게 되자 대한민국임시정부를 중심으로 국가건설 작업을 추진할 수 있는 기반이 마련되면서 가능하게 된 것이었다.

한국독립당은 조소앙이 기초한 것으로 생각되는 '한국독립당 창립기념 선언'도 발표하였다. 여기서 한국독립당은 한국의 독립운동이 60년 동안 계몽기, 반일독립운동기, 민주독립운동기를 거쳐 이제 한국 독립의 완성 시대로 접어들었다고 했다. 이에 한국독립당은 3천 만 민족의 혈전을 기초로 민족적 임무에만 머물지 않고 세계적 사명을 완수하기 위해 참전의 의무를 이행하고 독립 정치와 민주 정부의 전형을 보여주자고 하였다. 이어서 배타성과 의타성의 양극단을 버리고 합작과 통일을 통해 최후의 승리를 이끌어내는 책임을 지자고 말하였다. 말하자면 한국독립당은 60년 이래 계속되어 온 항일독립전쟁을 승리로 마무리하는 역할을 수행하겠다고 다짐하였던 것이다.

삼균주의 건국강령을 제시하다

한국독립당은 1941년 5월에 창립 1주년을 맞이하여 '한국독립당 제1차 전당대표대회 선언'을 발표하였다. 조소앙은 이 선언문 기초 작업에 주도적으로 참여하였다. 조소앙은 이 선언에서 우선 한국독립당이 1884년 반청독립운동으로부터 시작된 민족운동 계몽기, 1904년 반일 독립운동, 1919년 반일 민주독립운동의 초기를 거친 60년간의 독립운동 역사를 바탕으로 1930년 전후에 '근대식 혁명 단체의 조직으로 삼균제도의 건국강령'을 내세우면서 출범했다고 하였다. 그런데 이제 10년을 거치면서 한국독립당은 주의, 정강, 정책을 가다듬어 '삼균제도의 건국강령을 높이 내세우고 민족의 영광스러운 역사적 임무를 다하기 위하여 전국을 대표하고 독립운동을 담당하고 있음을 분명하게 말한다'고 하였다.

그는 '삼균제도의 건국강령'을 내세우면서 한국독립당이 수행해야 할 임무를 '복국, 건국, 치국 및 세계일가의 4단계'로 나누어 제시하였다.

복국 시기의 혁명 방식, 즉 독립운동의 행동책략은 '7대 당책'으로 정리했던 것이라고 하면서 '당책'을 다시 열거하였다. 건국 시기는 복국이 완성되는 때라고 하면서 '7대 정강'을 건국강령으로 하여 건국운동 단계의 최고 임무로 규정했다고 하였다. 이어서 "삼균제도로써 국가와 사회를 창립하여 민주정치와 균등정책을 건국의 주요 목적으로 확립하였다"고 하였다. 말하자면 '7대 정강'이 곧 건국강령의 요체라고 하면서 '7대조 건국강령'을 열거하였는데, 이는 바로 7개조의 당강을 말하는 것이었다. 그리고 건국이 완성되고 치국 단계에서는 삼균제도의 고급 이론 및 계획에 비추어 '대내적으로는 국민 각개인의 지력, 권력, 부력富力을 균등화하여 대외적으로는 민족 대 민족의 평등과 국가 대 국가의 평등을 구체적으로 실시할 것을 규정했다'고 하였다. 마지막 단계인 치국이 완성되는 때에 비로소 세계일가의 단계로 도착할 것이라고 하였다. 이때는 국가와 민족의 대립이 소멸되어 인류 지상의 세계 본위가 공동으로 확인된다고 하였다. 이어 그는 복국을 3단계로 나누어 단계별로 구체적 임무를 명기하였다.

조소앙은 '한국독립당 제1차 전당대표대회 선언'에서 한국독립당의 이념과 노선을 다른 정치 집단과 비교하여 설명하였다. 우선 자유연합을 배격하고 민주주의 중앙집권제를 채택한다고 했으며, 건설기의 국가는 정부와 군대와 경찰을 필요로 하므로 무정부주의와 다르다고 하였다. 또 한국독립당은 공산주의 혹은 공산당과 다르다는 점을 강조하였다. 한국독립당은 공산주의처럼 대국가의 종주권을 승인하여 건국과 치국 시기의 민족 자립성을 포기하지 않으며, 계급투쟁 지상주의나 무산독재 제일주의를 기계적으로 맹종하지도 않는다는 것이다. 그리고 민족 문제에 대해 공산주의자들과 관점이 다른 7가지를 정리하였다. 더 나아가 한국독립당은 특정 계급만 지지하는 정당이 아니라 반동적 범죄를 저지르는 패류悖類를 제외한 전체 한민족의 절대 다수가 지지하는 민족적 유일당임을 선언하였다.

한국독립당의 '제2차 전당대표대회 선언'에서는 '삼균제도의 건국강령'이라는 표현이 처음으로 등장했다. 이 선언에서 '삼균제도의 건국강령'은 복국, 건국, 치국, 세계일가의 4단계 중 2단계인 건국단계에 해당되는 용어로 사용되었고, 따라서 이는 1940년 통합 한국독립당 창립 시 채택한 '7대 당강' 혹은 '7대 정강'을 지칭하는 것이었다. 이전 당대표대회 선언은 당의 과제와 임무를 복국, 건국, 치국, 세계일가 4단계로 세분하여 단계별로 좀 더 구체적으로 제시했다는 점에서 한 단계 높이 발전한 것이었다.

「대한민국건국강령」을 기초하다

한국독립당에서 채택한 광복 후 신국가 건설 계획은 대한민국임시정부에서 「대한민국건국강령」이라는 이름으로 체계화되어 정부의 공식적인 정책으로 채택되었다. 한국독립당 제1차 전당대표대회 선언을 기초했던 조소앙은 「대한민국건국강령」도 기초하였다. 말하자면 그는 당과 정부의 신국가 건설계획을 총괄하면서 체계화하는 작업을 담당하였던 것이다. 조소앙이 기초한 「대한민국건국강령」은 1941년 11월 28일에 개최된 임정 국무위원회에서 수정을 거친 후 채택되어 국무위원회 명의로 공식적으로 선포되었다.

대한민국건국강령은 제1장 총강 7개항, 제2장 복국 10개항, 제3장 건국 7개항 등 모두 24개 항목으로 구성되어 있다.

제1장 총강에서는 삼균제도에 의한 민족국가 건설의 당위성과 원칙을 밝혔다. 1항은 대한민국이 단일한 언어, 국토, 주권, 경제, 문화를 가진 민족국가임을 명시하였고, 2항에서는 삼균제도의 건국 정신은 '선민先民의 수미균평위首尾均平位 흥방보태평興邦保泰平과 홍익인간弘益人間 이화세계理化世界에 근거를 둔 민족의 최고 공리'라고 하였다. 말하자면 삼균제도의 건국강령은 고조선 시대 이래의 균평均平 혹은 균생均生 제도와 홍익인간 사상에 토대를 두었다고 하였다. 3항에서는 선현先賢이 남기신 사유 제도를 국유로 환원하라는 토지혁명의 역사적 선언에 따라 토지제도를 국유화할 것이라고 하였다. 4항에서는 독립을 위해 순국한 열사들의 유지遺志를 잊지 않겠다고 하였다.

5항에서는 3·1운동 이후 건립된 대한민국임시정부는 이민족의 전제專制를 전복하고 군주정치를 파괴하여 새로운 민주제도의 건립과 사회 계급을 소멸하는 첫걸음라고 하면서 대한민국의 옹호와 확립을 위해 혈전할 것이라고 하였다. 6항에서는 임시정부가 1931년 4월에 대외선언을 발표하여 삼균제도의 건국원칙을 천명하였는데, 이는 '삼균제도의 제1차 선언'이라고 하였다. 7항에서는 "이상에 근거하여 혁명적 삼균제도로써 복국과 건국을 통하여 일관한 최고 공리인 정치, 경제, 교육의 균등과 독립, 민주, 균치의 3종 방식을 동시에 실시할 것"이라고 하였다.

이상과 같이 총강에서는 「대한민국건국강령」이 삼균주의에 토대를 두게 된 역사적 근거를 밝혔다. 이에 따르면 삼균제도는 고대에 한민족이 최초로 나라를 세울 때부터 한민족의 역사적 전통이 되어 독립운동에 계승되어 발전된 제도라는 것이다.

이어 제2장 복국에서는 항일독립운동의 과제와 방법을 명시하였다. 1~3항에서는 복국을 3단계로 나누었는데, 임시정부가 항일 혈전을 계속하는 과정을 복국의 제1기, 일부 국토를 회복하고 당, 정, 군의 기구가 국내에 진입하여 국제적 지위를 획득하게 되는 때를 복국의 제2기, 적에게 빼앗긴 국토와 정치, 경제, 교육의 권리를 완전히 탈환하여 각국 정부와 평등하고 자유롭게 조약을 체결한 때를 복국의 완성기라고 하였다.

4항에서는 임시약헌과 법규에 따라 임시의정원의 선거에 의해 조직된 국무위원회가 복국의 공무公務를 집행한다고 명기했으며, 5항에서는 복국기의 국가 주권은 광복운동자 전체가 대행할 것이라고 하였다. 6항에서는 삼균제도로써 민족의 혁명 의식을 환기하며 국내외의 독립운동 역량을 총집결하여 광복군을 조직해서 혈전을 전개할 것이라고 하였다. 7항에서는 대중적 반항과 무장적 투쟁, 국제외교와 선전 등의 방법으로 일제의 침략을 물리치겠다고 하였다. 8항에서는 독립운동의 국제적 협조 체제를 구축하고 항일전쟁을 수행하는 국가와 항일동맹군으로서의 구체적 행동을 강화하겠다고 하였다. 9항에서는 복국 임무 완성기에 건국 준비를 할 것이라고 하였다. 10항에서는 건국시기의 헌법과 일체의 법령은 임시의정원이 기초하고 결의한 것을 임시정부가 반포할 것이라고 하여 대한민국임시정부가 건국의 주체가 될 것임을 명기하였다.

제3장 건국에서는 건국 단계에서 실행할 삼균주의적 정책을 제시하였다. 1~3항에서는 건국의 3단계를 구분하였다. 1항에서는 국토 회복

후 독립국가 수립 후 삼균제도의 강령과 정책을 국내에 진행하기 시작하는 과정을 건국의 제1기라 하였고, 2항에서는 헌법에 의거하여 토지와 대생산기관의 국유화, 고등교육의 면비免費 수학受學, 보통선거제의 실시 등 삼균제도가 완전히 실시됨과 동시에 전국 각 지방의 자치와 행정 조직 및 민중 조직이 완비되어 극빈계층의 물질적, 정신적 생활과 문화 수준이 최고로 보장되는 과정을 건국의 제2기라고 하였으며, 3항에서는 건국에 관한 일체의 시설과 그 업적이 계획의 절반 이상을 성취하는 과정을 건국의 완성기라고 하였다.

제3장 건국의 4~5항은 정치에 관한 규정인데, 4항에서는 인민의 기본 권리와 의무에 대해, 5항에서는 중앙정부와 의회, 지방정부와 지방의회의 구성에 대해 명시하였다. 인민의 기본권으로는 노동권, 휴식권, 피구제권, 피보험권, 면비수학권, 참정권, 선거권, 피선거권, 파면권, 입법권, 사회단체 가입권과 여성의 평등권을 규정하였다. 이어 신체, 거주, 언론, 저작, 출판, 신앙, 집회, 결사, 여행, 시위, 운동, 통신 비밀 등의 자유를 갖는다고 하였다. 보통선거제를 실시하되, 18세 이상의 남녀에게 선거권이 있고, 23세 이상의 국민에게 피선거권이 있다고 하였다. 또한 보통선거는 모든 개인이 평등하게 비밀·직접 선거로 한다고 하였다. 인민은 준법, 납세, 병역 의무와 국가의 건설 보위와 사회 유지의 의무가 있다고 하였다. 그러나 적에 부화하는 자, 독립운동을 방해하는 자, 건국강령을 반대하는 자, 정신 결함이 있는 자, 범죄판결을 받은 자는 선거와 피선거권이 없다고 하였다.

5항에서는 중앙과 지방의 정치 기구에 대해 규정하였다. 건국의 제

1기에 총선거를 통해 구성된 의회에서 통과된 헌법에 의해 국무회의를 조직하고, 국무회의에서는 국무를 총괄하는 내, 외, 군, 법, 재, 교통, 실업, 교육 8부의 행정기관을 둔다고 하였다. 지방에서는 각도道, 부, 군, 도島에 정부와 의회를 둔다고 하였다. 그러나 지방 정부와 지방 의회의 구성 방식에 대해서는 규정하지 않았다.

6항에서는 국민의 균등 생활을 확보하기 위해 시행할 경제 정책 8가지를 제시하였다. 첫째는 대생산기관 및 토지, 광산, 농림, 어업, 수리, 호수 등과 교통, 금융, 통신 등의 주요산업을 국유화한다는 것이고, 대기업과 공업단지는 국유화하되, 중소규모의 기업은 사영私營으로 한다고 하였다. 둘째는 적의 토지, 산업 일체와 사유 자본은 물론 부적자附敵者의 자본과 부동산을 몰수하여 국유로 한다고 하였다. 셋째는 몰수한 재산은 가난한 노동자와 농민과 일체의 무산자의 이익을 위한 국영 혹은 공영의 집단생산기관에 충공充供하기로 한다고 하였다. 넷째는 토지의 상속, 매매, 증여, 조차 등과 고리대금업, 고용 농업을 금지하며, 두레농장, 국영공장, 생산, 소비와 무역의 합작기구를 확대하여 노농대중의 생활과 문화 수준을 제고한다고 하였다. 다섯째는 국제무역, 전기, 수도, 대규모의 인쇄 출판, 텔레비전, 극장 등을 국영화 한다고 하였다. 여섯째는 노년 노동자, 어린이 노동자, 여성 노동자의 야간 노동을 금지하며 연령, 지역, 시간에 따른 불합리한 노동을 금지한다고 하였다. 일곱째는 노동자와 농민의 비용 부담을 면제하는 의료를 시행하여 질병 소멸과 건강 보장에 힘쓴다고 하였다. 여덟째는 토지는 자력자경인自力自耕人(스스로의 힘으로 경작이 가능한 사람들)에게 분급分給하는 것을 원칙으로 하되, 고용농, 자작농, 소지주농, 중지주농 등 농민의 지위에 따라 낮은 등급에게 우선권을 준다고 하였다.

건국 시기의 경제 정책에서는 토지와 대생산기관과 주요 산업의 국유화와 국영화를 시행하되, 중소기업의 사유와 사영을 허용하도록 하였다. 그러나 토지의 경우는 국유화를 원칙으로 하여 사적 소유가 배제되며 중소 농민들에게는 직접 경작할 토지만 분급되도록 하였다.

그리고 7항에서는 교육 부문에서의 균등화 정책에 대해 기술하였다. 첫째 "교육의 종지는 삼균제도로 원칙을 삼아 혁명공리의 민족정기를 배합하여 발양하며 국민도덕과 생활기능과 자치능력을 양성하여 완전한 국민을 조성함에 둠"이라고 하였다. 둘째로는 초등교육과 고등기본교육의 일체 비용은 국가가 부담하며 의무로 한다고 하였다. 셋째로는 나이가 초과되어 교육을 받지 못한 사람에게는 보습교육을 국비로 시행하고, 가난하여 의식衣食을 스스로 마련할 수 없는 사람에게는 국가에서 대신 제공한다고 하였다. 넷째로는 지방별로 일정 비율에 따라 교육기관을 만들되, 최소한 1읍 1면에 5개 소학교와 2개 중학교, 1군 1도에 2개 전문학교, 1도에 1개 대학을 설치하도록 한다고 하였다. 다섯째로는 교과서 제작과 발행은 국영으로 하여 학생에게 무료로 보급한다고 하였다. 여섯째로는 국민병과 예비병에 관한 기본지식은 전문훈련 외에 중학교나 전문학교에서 필수과목으로 교육한다고 하였다. 일곱째로는 공립과 사립학교는 모두 국가의 감독을 받으며 국가의 교육 정책을 준수하도록 하며, 한인 교포에 대한 교육에도 국가의 교육 정책을 시행한다고 하였다.

「대한민국건국강령」 제정의 적법성을 주장하다

임시정부에서 「대한민국건국강령」을 공포한 것에 대해 임시의정원에서는 적법 절차를 거치지 않았다고 이의를 제기하는 의원들이 있었다. 1942년 10월과 11월에 열린 의정원 회의에서는 조소앙이 임시정부 대표 자격으로 보고한 뒤에 의원들의 질문을 받았다. 의원들이 의정원의 통과 없이 건국강령을 발표한 것에 대해 위법성을 지적하자, 조소앙은 국무위원회의 직권을 규정한 임시약헌 26조 1항의 '광복운동 방략 및 건국방안을 의결한다'는 규정에 의거하여 국무위원회의 의결을 거쳐 발표한 것이라고 하였다. 조소앙은 건국강령이 정책을 시행하는 것이기 때문에 의정원의 의결을 거치지 않는다고 하더라도 의정원의 권한을 침범하는 것은 아니라고 하였다. 그러나 내용의 수정과 보완이 필요하다면 의정원에서 다시 논의할 수 있다고 답변하였다.

그러자 손두환孫斗煥(1895~?) 의원은 토지국유화 문제는 의회에서 통과되어야 할 사항이라고 하였다. 그리고 국무위원회에서 결의는 할 수 있으나 의회의 통과를 거쳐 공포해야 한다고 주장하였다. 이에 대해 조소앙은 건국강령은 법령이 아니기 때문에 국무위원회에서 공포할 수 있음을 거듭 주장하면서 의정원에서는 동의 또는 추인할 수 있다고 하였다. 손두환 의원은 각 당파의 의견을 수렴한 뒤에 건국강령을 개정하여 의회의 결의를 거쳐야 한다고 주장하였다.

의정원에서 건국강령을 수정해야 한다는 의견이 제시되고 정부에서도 수정할 수 있다는 입장을 표명하자 1944년 10월에 건국강령수개修

改위원회(수개위원회)가 조직되어 개정 작업이 진행되었다. 수개위원회는 조소앙, 최동오, 유림, 강홍주奏弘周, 손두환으로 구성되었고, 위원장은 최동오, 기록은 강홍주가 맡았다. 그리고 1944년 10월부터 12월까지 4차에 걸친 회의가 있었다.

이 회의에서 조소앙은 건국강령은 장래에 어느 세력이 권력을 잡느냐에 따라 달라질 수밖에 없는 과도기적 산물이기 때문에 사실과 문장의 오류 정도만 고쳐야 한다고 하였다. 그러나 다른 위원들은 체제나 내용까지 수정해야 한다고 하였다. 최동오는 시기 구분의 문제를 지적하며 혁명과 건국의 분리를 주장했다. 이에 대해 강홍주는 체제 문제는 물론 내용까지도 고쳐야 한다고 하였다. 특히 그는 균등설과 토지국유제의 근거가 박약하며 공유는 공허한 이상이라고 비판했다. 그는 사유재산제 철폐는 절대 불가하다고 주장했다. 손두환은 유고로 계속 출석하지 않고 서류로만 의견을 제출했는데, 그 내용은 알 수 없다.

수개위원회는 4차 회의에서 위원 각자가 보낸 의견서를 참고하여 강홍주가 초안을 작성하기로 하고 종결하였다. 이때의 건국강령 수정 작업은 제대로 마무리되지 못했다. 위원들 사이의 의견 차이를 좁히지 못했기 때문인 것으로 보인다.

건국강령 수정 문제는 1945년 4월에 열린 의정원 회의에서 다시 거론되었다. 이때 조소앙은 건국강령을 바꾸는 데 반대하였다. 정부의 반대에도 불구하고 의정원에서는 독자적으로 박건웅朴健雄(1906~?), 김상덕金尙德(1891~1956), 안훈安勳. 趙擊韓(1900~1993), 조완구, 최석순을 건국강령수개위원으로 선정하였다. 이번에는 조소앙이 수정 자체를 반대했으므로 위원에 포함되지 않았다. 이 위원회가 구성된 지 4개월 만에 해방이 되어 건국강령 개정 작업은 마무리되지 못하였다.

「대한민국건국강령」이 정부에서 공포된 이후 의정원에서 반대 의견이 개진되고, 의정원에서 2차례에 걸쳐 수개위원회가 조직되어 개정 작업이 진행되었다는 것은 건국강령에 대한 반대가 만만치 않았음을 보여준다. 건국강령 반대의 초점은 의정원의 의결을 거치지 않았기 때문에 여러 독립운동 진영의 다양한 견해가 반영되지 못했다는 데 있었다. 특히 대한민국임시정부에 뒤늦게 합류하여 건국강령 제정 작업에 전혀 참여하지 못한 정파의 입장에서는 건국강령에 자신들의 의견을 반영하여 수정하려고 했던 것이다. 그러나 의정원에서 구성된 수개위원회에서는 합의된 수정안을 제출하여 의정원에서 의결하지 못했다. 그렇다고 의정원이 「대한민국건국강령」을 폐기하는 결의를 하지도 않았다. 의정원에서는 기존의 건국강령을 수정하는 위원회를 두 차례나 운영함으로써 「대한민국건국강령」을 의정원에서 추인한 셈이 되었다.

「대한민국임시헌장」을 기초하다

1942년에 접어들면서 좌익 계열의 인사들이 대한민국임시정부에 참여하였다. 김원봉의 조선의용대가 광복군에 편입되었으며, 좌익계열의 인사들이 임시의정원에 합류하였다. 이에 따라 좌우연합 정부 구성을 위한 약헌 개정 작업이 추진되어 의정원에서는 1942년 11월에 9인의 기초위원으로 약헌개정위원회를 구성하였다. 조소앙은 위원장으로서 차리석 비서와 함께 약헌개정위원회를 이끌었다. 약헌개정위원회는 1943년 6월까지 22차에 걸친 회의를 개최하였다. 이 회의에서 새로운 약헌의 명칭은「대한민국임시헌장」으로 합의되었다.

조소앙은 현행 헌법에 '민주공화국'만을 표기하여 민주주의의 구체적 내용이 추가된 '혁명헌법'으로 만들어야 한다고 하였다. 그 방법으로는 '대한민국은 민주공화국임' 대신에 '대한민국은 균치均治공화국임'으로 바꿀 것을 제안하였다. 이 제안에 대해서 홍진, 조완구, 김상덕, 신영삼申榮三(1896~1946)은 반대하였고, 차리석은 '총장總章'에 '균치'의 내용을 반영하는 방법을 제안하였다.

1943년 3월 31일에 열린 11차 회의에서는「대한민국임시헌장」초안에 대한 검토가 이루어졌는데, 이전의 약헌과는 달리 초안에는 건국강령의 주요한 요소를 첨가하고 혁명자의 자격을 규정하였으며, 심판원을 두기로 하였다.「대한민국임시헌장」초안은 1943년 11월 12일에 열린 임시의정원회의에서 의정원의 검토를 거쳤다. 이날 의정원회의에서 위원장 조소앙은 주석의 군 통수권, 탄핵, 임기와 선거구 문제가 쟁점이라고 제시하였고, 이 문제에 대한 논의가 진행되었다. 조소앙이 위원장이 되어 기초한「대한민국임시헌장」은 의정원의 결의를 거쳐 1944년 4월 22일에 공포되었다.

「대한민국임시헌장」은 전문前文과 1장 총칙, 2장 인민의 권리 의무, 3장 임시의정원, 4장 임시정부, 5장 심판원, 6장 회계, 7장 보칙 등 총 62조로 구성되었다. 임시헌장의 전문은 다음과 같다.

우리 민족은 우수한 전통을 가지고 스스로 개척한 강토에서 유구한 역사를 통하여 국가생활을 하면서 인류의 문명과 진보에 위대한 공헌을 하여 왔다. 우리 국가가 강도 일본에게 패망한 뒤에 전 민족은 오매寤寐에도 국가의 독립을 갈망하였고 무수한 선열들은 피와 눈물로써 민족자유의 회복에 노력하여 3·1대혁명에 이르러 전민족의 요구와 시대의 추향에 순응하여 정치, 경제, 문화, 기타 일체 제도에 자유, 평등 및 진보를 기본 정신으로 한 새로운 대한민국과 임시의정원과 임시정부가 건립되었고 아울러 임시헌장이 제정되었다. 이에 본원은 25년의 경험을 적積하여 제36회 의회에서 대한민국 임시헌장을 범 7장 공共 62조로 개수하였다.

전문의 첫 문장은 우수한 전통과 유구한 역사를 갖는 한민족이 일정한 영토에서 주권을 행사하는 독립국가를 건설하여 인류 문명의 발전에 공헌해 왔음을 밝혔다. 그런데 일본에 패망한 이후 독립운동을 전개하다가 3·1대혁명 후 대한민국이 건립되고 임시헌장이 제정되었음을 밝혔다. 여기서 3·1운동을 '혁명'이라고 명명한 점과 대한민국의 기본 정신은 자유, 평등, 진보로 규정한 점이 주목된다. 3·1대혁명이라는 용어는 3·1운동을 군주제의 폐지와 민주공화국 수립으로 이어지는 국민혁명으로 평가하는 것으로 이해되며, 대한민국의 기본 정신을 자유, 평등, 진보 3가지로 정한 것은 삼균주의적 개혁 정책을 통해 진보적 발전을 추구하는 건국강령의 정신이 압축되어 표현된 것으로 보인다.

「대한민국임시헌장」은 기존의 '약헌' 또는 '헌법' 대신에 '헌장'이라는 용어를 사용하였으며, 그 직접적인 계통을 상하이임시정부에서 1919년

4월에 조소앙이 기초한 「대한민국임시헌장」에서 찾았다. 이것은 어떤 의미인가? 1940년 10월과 1927년 4월에 제정된 「대한민국임시약헌」과 1925년 4월에 제정된 「대한민국임시헌법」에는 '전문'이 없다. 1919년 4월에 제정된 「대한민국임시헌장」과 1919년 9월에 제정된 「대한민국임시헌법」에는 전문이 있다. 전문 형식을 복원한 것은 대한민국임시정부 창립 시기에 제정한 헌장의 의미를 되살리기 위한 것이라고 볼 수 있다.

전문에는 철학과 가치 혹은 원칙을 기술하는 것이 일반적이다. 그리고 헌장은 법조문 중심의 헌법에 비해 어떤 사실의 원칙, 철학, 가치, 정신 등을 좀 더 구체적이고 명시적으로 표시하는 문장 형식이다. 따라서 '임시약헌'을 개정하면서 「대한민국임시헌장」이라는 명칭을 사용하고 전문을 추가한 것은 대한민국의 건국 정신과 가치를 좀 더 구체적으로 표시하려는 취지였다고 할 수 있다.

그렇다면 1940년에 전문 형식을 부활하되, 헌법이 아닌 헌장의 명칭을 계승한 이유와 의미는 무엇인가? 1919년 4월에 제정된 「대한민국임시헌장」과 1919년 9월의 「대한민국임시헌법」의 전문을 비교해 보자.

「대한민국임시헌법」에서는 민족대표 33인의 명의로 발표된 3·1독립선언서의 '아 대한인민은 아국我國이 독립국임과 아 민족이 자주민임을 선언'하였다는 내용을 인용하면서 '반만년 역사의 권위를 장仗하야 2천만 민중의 성충誠忠을 합하야 민족의 항구 여일한 발전을 위하여 조직된 대한민국'이라고 하였다. 그리고 '1919년 4월 11일 발포한 10개조의 임시헌장을 기본삼아' 임시헌법을 제정한다고 하였다.

그런데 조소앙은 이 헌법이 자신이 기초한 「대한민국임시헌장」을 기본삼아 제정했다고 했음에도 불구하고 임시헌장의 폐기와 헌법 제정에 대해 비판적이었다. 그가 「대한민국임시헌장」의 전문은 대한민국임시정부 수립의 근거로 3·1운동을 제시한다는 점에서 1919년의 헌법과 동일하다. 그런데 임시정부의 건립의 형식과 의미에 대해서는 차이를 보이고 있다. 1919년의 헌법에서는 '반만년 역사의 권위'와 '2천만 민중의 성충誠忠'에 의거하여 대한민국이 조직되었다고 했는데, 조소앙은 1919년의 헌장에서 3·1운동 후 '광복하고 국민의 신임으로 완전히 다시 조직된 임시정부'라고 하였다. 말하자면 그는 '국민의 신임'이라는 표현을 통해 국민주권주의 원칙을, '다시'라는 표현을 통해 한국이 일제 침략 이전 독립국가로서의 오랜 역사를 갖고 있었음을 강조하였던 것이다.

조소앙은 1919년의 헌장 전문에서 국민주권주의에 의거하여 대한민국이 건국되었다는 사실, 그리고 대한민국은 창립이 아니라 과거의 독립국가였던 상태로 복귀 혹은 광복했다는 의미로 '다시' 건국되었다고 했다. 말하자면 대한제국이 대한민국으로 발전했다는 역사적 전통을 전문에서 명기하고자 하였던 것이다.

이러한 그의 의도는 1944년의 헌장 전문 제정에도 반영되었다. 1944년의 헌장 전문에서 그는 독립국가 한국의 역사적 전통을 언급하면서 시작한다. 그리고 3·1대혁명에 의해 대한민국이 건립되었다고 하였다. 더 나아가 그는 대한민국의 기본정신으로 자유, 평등, 진보를 제시함으로써 건국의 철학과 가치를 헌장에 담았다. 그는 1944년에 공포된 「대한민국임시헌장」 전문에서 1919년 4월에 기초했던 「대한민국임시헌장」의 '전문'의 의미를 살려 한민족의 과거와 현재와 미래로 이어지는 역사적 맥락에서 대한민국의 건립의 발전적 의미를 담아내고자 했다.

「대한민국임시헌장」제1장 총칙 제1조는 "대한민국은 민주공화국임"으로 확정되었다. 이 조항은 1919년 조소앙이 기초한 「대한민국임시헌장」의 제1조의 "대한민국은 민주공화제로 함"을 계승한 것으로 1925년 개정된 임시헌법 제1조의 "대한민국은 민주공화국임"을 되살린 것이다. 조소앙은 「대한민국임시헌장」을 기초하는 과정에서 '민주공화국' 대신에 '균치공화국'이라고 명기할 것을 주장했는데, 많은 위원들이 반대하여 반영되지 못하였다. 다만 삼균주의의 기본 가치는 「대한민국임시헌장」에서 건국 정신을 자유, 평등, 진보라는 보다 일반적인 용어로 바꿔 표현하는 방식으로 반영되었다.

중국과 교섭하여 광복군의 기틀을 마련하다

조소앙은 대한민국임시정부 외무부장에 선임된 이래 해방될 때까지 연임하였다. 외무부장은 외교에 관한 정책과 방침을 연구하기 위한 조직으로, 외무부 산하에 조직된 외교연구위원회 위원장도 겸임하였다. 따라서 그는 1939년 10월부터 1945년 8월 15일 해방될 때까지 6년간 대한민국임시정부의 외무부장으로서 독립 외교의 책임을 맡았다.

조소앙은 광복군이 창설될 때 그 이론적 근거를 마련하는 한편 대한민국임시정부 외무부장의 자격으로 중국 국민당 정부와 광복군에 관한 협상을 진행하였다. 그러나 중국 측의 비협조로 광복군은 임시정부가 독자적으로 조직하는 방향으로 진행되었다. 이에 광복군은 1940년

8월에 총사령부를 구성하였는데, 총사령은 이청천, 참모장은 이범석李範奭(1900~1972)이 맡았으며, 조소앙은 정훈처장을 맡았다. 9월 15일에는 광복군 창설을 국내외에 공포하고, 17일에는 충칭重慶에서 한국광복군 총사령부 성립 전례식을 거행하였다.

조소앙은 전례식에서 광복군창설위원회 위원장인 김구 주석의 대회사 다음으로 광복군 성립 경과를 보고하였다. 그는 1907년 8월 1일을 광복군이 창립된 날이라고 하면서 그로부터 33년이 지난 1940년 8월 4일에 광복군총사령부를 구성하게 되었다고 하였다. 일제의 침략으로 대한제국 군대가 해산된 1907년부터 한국의 군사 주권을 광복군이 갖게 되었다고 해석한 것이다. 1910년 이후 광복군은 해외로 이동하였으며, 임시정부에서 1919년에 광복군 조례를 제정하고, 중일전쟁 이후 중국의 지원을 받으면서 이번에 한중연합군이 성립하게 되었다고 하였다.

이어서 그는 광복군이 파괴와 건설의 임무 3가지를 각각 갖고 있다고 하였다. 파괴의 임무는 첫째로 한국 내 일제 침략 기구의 파괴이고, 둘째로는 국내 일체의 봉건 세력, 반혁명 세력, 부일배의 숙청이었으며, 셋째는 재래의 모든 악풍惡風과 오속汚俗의 파괴였다. 건설의 임무는 첫째, 대한민국 건국 방침에 의거한 정치, 경제, 교육의 균등제도 수립이었고, 둘째로는 민족과 민족, 국가와 국가의 평등 실현이었다. 그리고 셋째로는 세계 인류의 평화와 행복 실현 등이었다.

임시정부에서는 광복군을 조직하고 중국 국민당 정부와 협력하여 한중 연합군을 결성하여 항일독립전쟁을 수행하고자 하였다. 그러나 중국 국민당 정부에서는 1941년 11월에 '한국광복군행동9개준승韓國光復軍行動

九個準繩(이하 '9개준승'으로 약칭)'을 보내 광복군을 승인하되 중국 군사위원회에 예속시켜 중국군의 일부로 편제하는 조치를 취하였다. 임시정부에서는 광복군 충원과 활동을 위해 이 조치를 받아들였다. 그러나 그로부터 1년뒤에 의정원에서 '9개준승'을 접수한 책임을 물으면서 중국 측에 '9개준승' 취소를 요구하자는 의견이 제시되었다.

이에 대해 외무부장 조소앙은 임시정부가 '9개준승'을 받아들인 것은 역량이 불충분한 결과라고 하면서 의정원에서 '9개준승'의 취소 및 수정을 요구하는 것은 중국과의 외교에 유리하다고 답변하였다. 의정원에서는 중국 측이 수정 요구를 수용하지 않을 경우 일방적으로 취소하자는 의견도 나왔다.

조소앙은 의정원의 지원을 받으면서 '9개준승' 수정 작업을 추진하였다. 중국 측과의 교섭 목표는 '9개준승'을 한국과 중국 사이의 군사협정으로 바꾸는 것이었다. 이것은 광복군을 임정의 산하로 편제함으로써 군사 주권을 회복하는 동시에 중국으로부터 임정을 대등한 지위로 인정받는 효과를 거둘 수 있는 방식이었다. 이에 조소앙은 1943년 1월에 열린 임시정부 국무위원회에서 김규식, 조성환, 유동열, 박찬익 등과 함께 소조회小組會를 조직하여 '한중호조군사협정초안'을 마련하였다. 이 초안은 광복군을 임시정부 산하로 하여 조직과 훈련도 임시정부가 담당하도록 하며, 중국의 광복군에 대한 지원은 차관 형식으로 한다는 것이었다.

조소앙은 김규식, 박찬익 등과 함께 교섭 대표가 되어 중국 외교부 당국과 접촉하였다. 그러나 중국 측은 임정을 승인하지 않았다는 이유로 한국 측의 요구를 쉽게 받아들이지 않았다. 임정에서는 김구 주석까지

나서서 총력을 기울였다. 그리고 조소앙은 1944년 5월에 김구 주석, 김원봉 군무부장 등과 함께 중국 국민당 측과 재차 교섭에 나섰다. 그 결과 중국 측에서 임정의 요구를 수용하는 방침이 정해졌다.

이에 따라 '9개준승'을 수정하기 위한 임정과 중국 정부의 실무회담이 1944년 6월부터 7월까지 4차례에 걸쳐 개최되었다. 외무부장 조소앙은 한국 대표로 참여하였다. 중국 측은 임정을 승인하지 않았다는 이유로 상호군사협정에 난색을 표하자 조소앙은 중국 정부가 임정을 법적으로 승인하지는 않았지만, 사실상 승인한 상태이며, 또 프랑스해방위원회가 연합국의 승인을 받지 못했으나 영국이나 중국과 군사협정을 체결하고 대표를 교환한 사례도 있으므로 군사협정이 가능하다고 하였다.

그 결과 중국 측에서는 한국 측의 요구를 받아주는 것이 좋겠다는 의견을 상부에 올렸다. 중국 국민당 정부에서는 1944년 8월 '9개준승' 폐지와 광복군의 임정 직속을 인정하는 조치를 취하였다. 이후 한국과 중국 측에서는 양국의 군사협정을 체결하는 후속 작업을 추진하였다. 마침내 임정은 1945년 4월에 중국 정부에서 보낸 '원조한국광복군판법援助韓國光復軍辦法'을 접수하였다. 이것은 임시정부에서 1945년 1월에 마련한 '관어한국광복군중한양방상정판법關於韓國光復軍中韓兩方商定辦法'을 거의 그대로 수용한 것으로, 임시정부의 광복군은 조국의 광복을 목적으로 하되, 중국 내에서는 중국군과 연합하여 항일작전을 전개하며, 중국 내에서의 작전행동에서는 중국군의 지휘를 받는다는 내용이었다.

이로써 광복군은 중국 정부로부터 대한민국임시정부 소속이 되었으며, 중국과 연합하여 항일전쟁을 수행하는 군사단체로 인정을 받게 되었다. 조소앙은 중국과의 교섭 과정에서 임시정부가 승인되지 못한 상황에서도 군사협정이 가능하다는 논리와 사례를 제시함으로써 대한민국임시정부의 군사적 주권을 인정받은 외교적 성과를 거두었다.

임시정부 승인 외교를 펼치다

조소앙은 대한민국임시정부 외무부장으로서 임시정부의 국제적 승인을 받는 것을 중요한 목표로 삼았다. 임시정부가 제2차 세계대전의 정식 교전단체로 승인받는 것은 전후 한국의 독립을 국제적으로 인정받는 것과 직결된 문제였기 때문이다. 승인을 위해서는 제2차 세계대전을 주도적으로 이끌고 있던 미국과의 외교가 중요하였다. 임시정부의 대미 외교는 미주 지역 독립운동 세력의 통합 단체인 재미한족연합위원회와 협력하여 추진하였다.

김구와 조소앙은 1941년 6월에 재미한족연합위원회 외교위원부를 임정 외무부의 산하 기구인 주미외교위원부로 편제하면서 대미 독립 외교를 전담하도록 하였다. 그리고 이승만을 주미외교위원부 위원장으로, 정한경鄭翰景(1891~?)과 이원순李元淳(1890~1993)을 위원으로 임명하였다. 이어 이승만에게는 주차워싱턴 전권대표 신임장을 보내 이승만으로 하여금 미국과의 외교를 주관하도록 하였다.

한편, 일본군이 1941년 12월 8일에 하와이 진주만을 습격하면서 태평양전쟁이 발발하였다. 이에 대한민국임시정부에서는 주석 김구와 외무부장 조소앙 명의로 12월 10일에 '대일선전성명서'를 발표하여 일본에 대한 전쟁을 선포하면서 태평양전쟁 참전을 선언하였다. 이 성명서에서 임정은 연합국의 대일전쟁에 대한 지지를 표명하면서 한국은 '반침략전쟁에 이미 참가하였으니 한 개의 전투 단위로써 축심국軸心國에 선전宣戰한다'고 하였으며, '1910년의 합방조약과 일체의 불평등 조약의 무효를 거듭 선포'한다고 하였다. 조소앙은 '대일선전성명서'를 미국은 물론 영국, 중국, 소련 등에도 발송하였다. 대일선전포고는 대한민국임시정부가 연합국으로부터 정식 교전단체로 승인받기 위한 조처였다.

임시정부의 임정 승인과 독립을 위한 대미 외교는 세 개의 경로로 이루어졌다. 우선 김구는 미국 대통령에게 서한을 보냈으며, 외무부장 조소앙은 미 국무장관에게 서한을 보내거나 주중 미국대사와 접촉하였다. 그리고 미국에서의 독립 외교 활동은 주미외교위원부를 적극 활용하였다. 주미외교위원부 이승만 위원장은 한미협회와 기독교인친한회 등 한국에 우호적인 미국인들을 대상으로 임정 승인 여론을 조성하였다. 이를 바탕으로 1943년에는 미국의 상하 양원에서 '미국 정부는 대한민국임시정부를 승인한다'는 결의안을 국무부에 제출하는 성과를 거두기도 하였다. 그러나 미국 정부는 임정을 승인하는 조치를 취하지 않고 연합국을 고려하여 전후 한국에 대한 국제 공동 관리 정책을 추진하였다.

조소앙이 직접 적극적으로 전개한 독립 외교 활동은 중국을 상대로 한 것이었다. 그는 1942년 10월에 중국 측 인사들과 함께 한중문화협회를 창립하였다. 협회 조직에는 한국 측에서 조소앙을 비롯하여 홍진, 이청천, 김규식, 김성숙金星淑(1898~1969), 유자명柳子明(1891~1985) 등이 참석하였고, 중국 측에서는 쑨원의 아들로 입법원장인 쑨커孫科

(1895~1973)를 비롯하여 국민당 비서장 우톄청吳鐵城, 조직부장 주자화朱家驊, 군사위원회 부위원장 펑위샹馮玉祥(1882~1948), 공산당 저우언라이周恩來(1898~1976) 등과 각종 사회단체 인사들이 두루 참석하였다. 이사장은 쑨커가 맡았으며, 조소앙은 김규식과 함께 부이사장을 맡았다.

조소앙은 1942년 10월 11일에 400여 명의 한국과 중국 인사들이 참석한 가운데 개최된 한중문화협회를 창립식에서 한국 대표로 연설하였다. 이날 양측은 '유구한 역사와 문화 전통을 가진 한국과 중국은 현재 원수 일본을 물리치기 위해 손을 잡고 있으며 미래에는 동아시아의 평화를 위한 책임을 지고 있기에 한중문화협회를 조직하였다'고 선언하였다. 한중문화협회의 목적은 한국과 중국의 문화를 발양하여 양대 민족의 영구합작을 강화한다는 것이었고, 한국과 중국의 상호 협조를 촉진하여 동아시아의 영구 평화를 조성한다는 것이었다. 조소앙은 한중문화협회에서 다과회, 강연회, 간담회 개최 등을 통해 임시정부 인사와 중국 국민당 측 인사들과의 교류 협력을 강화하였다. 이러한 다양한 회합을 통해 중국 인사들 사이에서 임시정부 승인과 한국 독립운동에 대한 협력과 지지 여론이 확산되었다.

중국을 비롯한 연합국 측에서 대한민국임시정부를 승인하지 않는 주요한 이유 중의 하나는 한국 독립운동 세력의 분열이었다. 이에 대한민국임시정부에서는 독립운동 세력의 통합 노력을 기울였으며, 그 결과 1942년에 중국 관내 좌익 계열 인사들의 광복군 편입과 의정원 참여가 이루어졌다. 이에 의정원에서는 좌우연합 정부를 구성하기 위해 약헌 개정 작업을 추진했다. 그 결과 1944년 4월에 중국 관내 좌우익의 지도적 인사들로 구성된 좌우연합정부가 출범하게 되었다.

조소앙은 김구 주석, 김규식 부주석, 김원봉 군무부장, 조완구 재무부장, 신익희 내무부장 등으로 구성된 국무위원회에서 계속 외무부장을 맡았다. 이렇게 해서 임시정부는 좌우익이 연합한 통합정부를 구성하게 되었다. 임정 국무위원회에서는 1944년 5월에 「국내외 동포에게 고함」을 발표하여 "지금 임시정부는 우리 민족의 독립운동 각각 단체 대표들의 공동참가로서 전 민족 통일정부가 되었다"고 선언하였다.

조소앙은 중국, 미국, 영국, 소련 등의 우방 국가에게 임시정부에 대한 새로운 인식을 촉구하기 위해 1944년 6월 19일에 외무부장 성명서를 발표하였다. 그는 성명서에서 한국 독립운동의 실질적인 통합적 지도기관이 된 대한민국임시정부는 장래 건국강령에 따라 정치, 경제, 사회 각 방면으로 진정한 민주주의를 실현할 계획임을 밝혔다. 이어서 그는 4대 동맹국이 군사와 외교에서 한국과 협력하고, 제2차 세계대전 승리를 위한 전략으로 임시정부 승인 방침을 채택하기를 바란다고 하였다.

이어서 그는 7월 6일에도 임정 외무부장 명의로 「대외선언」을 발표하였다. 이 선언에서 그는 카이로회담에서 한국의 독립을 보증이 결정된 이상 대한민국임시정부의 국제 승인을 우방 정부에 대하여 요구할 권리가 있다고 하였다. 그리고 임시정부는 전시 전후에 일관된 정책으로 동맹국가의 연합 선언과 세계 신질서 건립에 공평한 원칙과 강령을 공동 실현할 것을 자신한다고 하여 전후 연합국 중심의 국제질서 구축에 적극적으로 협력하겠다는 의사를 피력하였다. 그러니 전시와 전후의 일체 국제회의나 기구에 한국 참가를 승인해 줄 것을 요구한다고 하였다.

그는 임시정부가 통합적 지도 역량과 전쟁 수행 능력을 갖추었고, 건국강령에 따라 전후에 민주주의 국가 건설 계획을 갖고 있음을 밝혔다. 이는 한국이 전후에 무조건으로 완전하게 독립국가로서 민주정부를 수립할 능력이 있으므로 적당한 시기나 국제 감호와 같은 조건이 청산되어야 한다는 의사를 천명한 것이었다.

이렇듯 대한민국임시정부가 통합적 지도기관으로서의 위상이 강화되자 조소앙은 1944년 7월에 임시정부 국무위원 전체의 이름으로 임정 승인을 요청하는 공문을 장제스에게 보냈다. 그는 카이로회담에서 중국이 주도하여 전후 한국의 독립에 대해 미국과 영국의 동의를 얻었던 사실을 거론하면서 이번에는 임시정부 승인에서도 중국 정부가 솔선하여 줄 것을 요청했다. 그러나 임정 승인 문제에 대해 연합국 측과 협의를 해야 했던 중국 정부에서는 임정 승인을 결정하지 못했다.

이러한 때에 중국참정회에서 임시정부를 승인하는 결의가 1944년 9월에 채택되었다. 한중문화협회 회원으로 활동하고 있던 중국참정회 회원인 후추위안胡秋原, 타오싱즈陶行知(1891~1946) 등 21명이 중국참정회에 임시정부 승인안을 제출하여 임시정부의 결의를 이끌어내게 되었다. 중국참정회는 중국 국민당과 공산당 인사들이 주로 참여하여 민의를 대변하는 기관으로서의 성격을 띠고 있는 단체였다. 따라서 법적 구속력은 없지만, 중국 국민당 정부에서 임시정부 승인에 대한 내부 방침 결정과 연합국 측과의 교섭을 위한 우호적인 여론은 조성된 것이었다.

중국 국민당 정부에서는 임시정부 승인에 대해 미국 정부와 여러 차례 교섭하였으나 미국이 임시정부 승인 의사가 없음을 확인하였다. 이에 임시정부는 1945년 3월 9일에 중국 국민당 정부로부터 단독으로 임시정부를 승인할 수 없다는 통보를 받았다.

연합국으로부터 전후 한국의 독립을 보장받다

제2차 세계대전을 치르는 사이에 연합국 사이에서는 전후 국제질서를 재편성하는 방안에 대한 협의를 진행하였다. 이에 따라 대한민국 임시정부 외무부장 조소앙은 한국의 독립에 대한 국제적 승인을 얻어내기 위한 활발한 외교 활동을 전개하였다. 미국의 루스벨트Franklin Delano Roosevelt(1882~1945) 대통령과 영국의 처칠Winston Leonard Spencer-Churchill(1874~1965) 수상은 1941년 8월 14일에 캐나다 해안에 정박 중인 영국 전함에서 8개 항목으로 된 「대서양헌장」을 발표하였다.

이 소식을 듣고 조소앙은 「대서양헌장」에 대한 임정 성명서를 발표하였다. 그는 민족 자결권을 인정하는 3항과 전후 침략 국가의 무장을 해제한다는 8항과 반침략전쟁을 수행하는 국가와 단체에 대한 원조를 제시한 서문이 한국의 독립과 밀접히 연관되어 있다고 하면서 「대서양헌장」을 환영한다고 하였다. 이어 미국 대통령에게 임정의 승인, 한국 독립운동의 지원, 한국대표의 각종 평화회의 참가, 국제영구평화기구의 한국 참가 등을 요청했다는 사실을 다시 밝혔으나 이에 대한 국제사회의 긍정적인 반응은 얻지 못했다.

제2차 세계대전이 진행되는 동안 연합국 사이에서는 전후 한국 문제에 대해서는 국제공동관리 방안 등이 협의되고 있었다. 이러한 상황에서 임정 외교의 초점은 국제공동관리 방안의 문제점을 지적하고 한국의 즉시 독립을 요구하는 논리와 근거를 마련하는 것이었다. 전후 한국을 국제사회에서 공동으로 관리하는 방안은 1942년부터 언론을 통해서 알려지게 되었다. 이에 조소앙은 외무부장으로서 국제공동관리를 비판하는 외교 및 언론 활동을 전개하였다. 그는 외무부장 명의로 1943년 2월 1일자 중국의 『대공보大公報』에 국제공동관리를 반대한다는 성명서를 발표하였다. 그가 제시한 6가지 반대 이유는 다음과 같다.

1. 국제사회는 여러 차례에 걸쳐 민족자결의 원칙을 제시했고, 한국은 3·1운동에서 한국이 독립국임과 한국인의 자유민임을 선언하였다. 위임통치와 국제공관은 민족자결의 원칙에 위배되는 것이다.
2. 한국정부는 한국, 필리핀, 베트남, 버마, 인도 등 동아시아의 피점령 지역 민족들이 반드시 자유 독립을 획득해야 하며 유럽의 망명 정부 소속 각 민족 또한 똑같이 이웃 열강의 관리를 다시 받아서는 안 된다는 점을 누차 성명했다.
3. 한국은 물산, 인구 및 영토의 자연 요소로 말하거나 문화, 역사, 정치, 능력 및 민족의 본질로 말하거나 새로운 국가를 건립하여 자치와 자립할 실력을 갖추고 있다. 따라서 외국인의 힘을 빌려 대신 관리할 필요가 없다.
4. 한국 민족에게 완전한 독립과 자유가 주어지지 않는다면 어떤 형태의 관리라고 하더라도 지난 30여 년간 전개했던 혈전처럼 계속 반항할 것이다. 따라서 한국을 국제 공동 관리로 하는 것은 동아시아의 평화

를 파괴하는 것과 다름없다.

5. 만일 한국문제를 대신 관리하는 제도로 해결한다면 이는 적국 일본의 선전 선동을 불러일으켜 한국의 독립운동이 방해를 받아 뜻밖의 결과를 초래할 위험성이 있다.

6. 옛날처럼 위임통치 제도로 약소민족 문제를 해결하려는 시도는 미국의 여론을 대표할 수 없다. 미국, 중국, 소련, 영국 등은 동아시아 평화 실현을 위해 중국과 한국을 완전 독립시켜 발전시키는 방침을 정할 것이다.

전후 한국을 즉시 독립시키지 않고 국제적으로 공동관리할 것이라는 여론이 알려지자 조소앙은 이러한 '국제공관론'에 반대하면서 연합국 정부에서 정책으로 채택하지는 않을 것으로 기대하였다.

그렇지만 미국의 루스벨트 대통령이 영국의 이든Robert Anthony Eden (1897~1977) 외상과 전후 정책을 협의하면서 한국에 대한 국제공관 방침이 정해졌으며, 이를 각국에 통보하였다는 소식이 중국의 신문에 보도되면서 알려지게 되었다.

이에 임시정부에서는 긴급 국무위원회를 개최하여 국제공동관리에 반대하는 방침을 정하였다. 이 방침에 따라 조소앙은 정부의 방침을 중국, 미국, 영국, 소련 등에 통보하였으며, 연합국의 국제공동관리 방침을 반박하는 성명을 1943년 5월 3일에 또다시 발표하였다.

이 성명에서 그는 한국이 일본에 주권을 침탈당한 이후 38년간 독립혈전을 전개하는 궁극적인 목적은 완전독립이라고 하였다. 따라서 '국제

감호監護나 지도'와 같은 변형적 국제공관 제도라고 하더라도 한인 전체 의사에 반하는 것이라고 했다. 만일 한국이 국제공관을 받게 되면 한국인들이 독립전쟁을 했듯이 혈전을 벌일 것이기 때문에 동아시아 평화가 위협을 받게 될 것이라고도 하였다. 5천 년의 독립국이며 3천 만의 단일 민족인 한국을 국제공관으로 하는 것은 한국인을 모독하는 것이며「대서양헌장」의 민족자결의 원칙에도 어긋나는 것이라고 하였다. 전략적인 측면에서도 국제공관을 반대하는 이유를 제시했는데, 만약 한국을 국제공관으로 하게 되면 일본에게 역선전의 빌미를 제공하여 위험을 초래하게 될 것이라고 경고하기도 하였다. 이와 같이 조소앙은 전후 한국에 대한 연합국 측의 국제공관 방침을 비판하였다.

한편, 이집트의 카이로에서 미국, 영국, 중국 3국의 수뇌가 모여 대일 전쟁의 수행과 전후 처리 문제에 대해 회의가 1943년 11월에 개최될 예정이라는 소식이 전해졌다. 이 회의에 장제스가 참석한다는 것이 알려지자, 조소앙 등 임정 국무위원들은 장제스를 통해 한국의 독립을 국제사회에서 승인받을 수 있는 좋은 기회로 인식하였다. 이에 조소앙은 임시정부 인사들의 장제스 면담을 요청하여 이를 성사시켰다.

1943년 7월 26일에 성사된 장제스와의 회담에 임정 측에서는 주석 김구, 외무부장 조소앙, 선전부장 김규식, 광복군 총사령 이청천, 부사령 김원봉이 참석했고, 중국 측에서는 비서장 우톄청이 배석하였다. 이 자리에서 조소앙은 김구와 함께 영국과 미국이 조선의 장래 지위에 대해 국제공동관리 방식을 채용하자고 하고 있는데, 중국은 이에 현혹되지 말고 한국 독립을 주장하고 지지하여 이를 관철시켜 줄 것을 요청하였고, 장제스로부터 '힘써 싸우겠다'는 약속을 얻어냈다.

장제스 총통은 카이로회담에서 미국의 루스벨트 대통령과 영국의 처칠 수상에게 전후 한국의 독립을 약속하고 이를 카이로에서 즉각 발표하자고 제안했다. 처칠 수상이 반대하자 장제스 총통은 루스벨트 대통령에게 재차 한국의 독립 보장을 요구했다. 결국 타협안을 내어 "3대국은 한국 민중의 노예상태에 유의하여 적당한 시기에 한국이 자유롭게 되고 독립하게 될 것을 결의하였다"는 내용이 포함된 카이로선언을 1943년 12월 1일에 발표했다. 카이로선언은 적당한 시기 혹은 적당할 절차로 번역될 수 있는 'in due course'라는 조건이 붙었지만, 전후 한국의 독립이 연합국들 사이에서 최초로 약속되었다는 점에서 의미가 컸다.

카이로회담에서 전후 한국의 독립에 대한 연합국 측의 보장을 얻어낸 것은 임시정부의 외교적 성과였다. 임시정부는 한국 독립의 보장에 대해서는 환영한다고 하였으나 적당한 시기나 절차를 밟는다는 조건에 대해서는 즉시 독립이 아니라 국제공동관리라고 보고 국제공동관리 반대운동을 전개하기로 합의하였다. 이것은 조소앙이 해방 이후에 독립운동의 연장선에서 신탁통치 반대운동을 전개하게 되는 배경으로 작용하였다.

조소앙이 해방 직전 전개한 대표적인 독립 외교 활동은 샌프란시스코회의 참가 시도였다. 그는 대한민국임시정부 명의로 1945년 2월 28일에 독일에 대해 선전 포고를 하였다. 이와 함께 그는 임정 외무부장 명의로도 성명서를 발표하였다. 이 성명서에 그는 태평양전쟁이 발발하자 임시정부는 다시 대일선전 포고를 했음을 밝혔다. 그리고 4월에 개최 예정이었던 샌프란시스코회의에는 대일, 대독 선전포고를 한 국가들만 참석하기로 했기 때문에 이 회의에 참석하기 위해 임시정부의 의결을 거쳐 대독 선전포고를 한다고 하였다.

임시정부의 대독 선전포고는 샌프란시스코회의에 참석하여 한국의 독립을 승인받기 위한 조처였다. 이 회의에서는 50여개 국가들이 모여 국제연합의 창설과 전후 세계평화와 안전보장을 위한 방안을 협의할 예정이었다. 이에 임정에서는 샌프란시스코회의에 대표를 파견하기 위해 미주 지역에서는 이승만을 단장으로 한 대표단을 구성하고, 만주 지역에서 참석할 대표로는 외무부장 조소앙과 부주석 김규식을 선정하였다.

조소앙은 샌프란시스코회의 참가 대표로서 한국의 참석을 요구하는 공문을 회의 주관국에 보내는 책임을 맡았고, 회의 제출 자료를 준비하는 준비위원회 책임도 맡았다. 그는 한국독립운동의 역사와 임시정부의 활동을 소개하는 비망록, 회의 참가 요청 공문, 한국 문제 해결 방안 등 각종 문건을 작성하였다. 그리고 이러한 문건을 임정 주석 명의로 미국, 영국, 중국, 소련 등 각국 수뇌들에게 보냈으며, 충칭 주재 각국 기자들을 소집하여 임시정부의 대표들이 샌프란시스코회의에 참여할 필요성과 당위성을 설명하면서 협조를 요청하였다.

조소앙과 김규식은 샌프란시스코회의에 참석하기 위해 중국 측으로부터 왕복 경비와 활동비 지원을 받고, 주중 미국대사관에 비자 신청을 하였다. 그러나 미국대사관에서 비자를 내주지 않았기 때문에 조소앙 등은 샌프란시스코회의에 참석하지 못했다. 미주 지역 대표들도 샌프란시스코에 도착했으나 임시정부가 국제적 승인을 받지 못했다는 이유로 회의 참석을 거부당하였다.

환국 이후의 국가건설운동

임정 중심의 과도 정권 수립을 추진하다

제2차 세계대전은 일본의 무조건 항복으로 1945년 8월 15일에 종결되었다. 광복 이후 조소앙은 중국에 머물면서 대한민국임시정부와 한국독립당이 중심이 되어 신국가를 건설할 계획을 추진하였다. 임시정부에서는 유엔 상임이사국 정부에 성명서를 발표하여 일본의 항복 접수와 한국 문제를 논의하는 일체의 회의에 한국 대표가 참가할 것과 카이로회담에서 말한 '상당한 시기'를 1년으로 해석할 것을 요구하였다. 그리고 한국독립당에서는 제5차 임시대표대회에서 당강과 당책을 바꾸었는데, 당강은 7개에서 5개로 축약한 반면, 당책은 7개에서 27개로 대폭 늘리는 조치를 취했다. 조소앙은 임정과 한국독립당 중심으로 환국한 즉시 국가 건설을 추진할 수 있을 것으로 기대했기 때문이다.

환국 직전 임시정부 청사 앞에서 찍은 대한민국임시정부 요인들의 모습(1945)
앞줄 왼쪽에서 다섯 번째 김구 주석 바로 오른쪽 뒤가 조소앙이다.

그러나 해방 정국은 조소앙의 기대대로 전개되지 않았다. 한반도는 38도선을 경계로 미군과 소련군이 남북한을 분할 점령하고 군정을 실시하였다. 미 군정은 대한민국임시정부를 인정하지 않았다. 따라서 임정 요인들은 개인 자격으로 귀국할 수밖에 없었다. 조소앙은 홍진, 조성환 등과 함께 임정 요인 2진으로 1945년 12월 2일에 귀국하였다.

조소앙은 귀국한 이후 임정 대변인 자격으로 「임시정부의 성격」을 발표하였다. 그는 대한민국임시정부가 3천 만 민중의 독립정신을 나타낸 독립운동의 상징으로서 새로운 독립국가 건설의 주체가 되어야 한다고 하였다. 그리고 새로운 정부는 민중을 위한 정부, 민중 전체가 지지하는 정부가 되어야 한다면서 인민대중에게 기초를 둔 정부를 조직하고자 한다고 하였다. 정치노선으로는 영국의 노동당보다 더 진보적인 정치를 지향한다고 하였다. 그는 대한민국임시정부의 법통을 내세우면서 임정 중심의 신국가 건설운동을 추진하고자 하였다. 그러나 임정 법통 주장은 좌익 세력들이 부정했을 뿐만 아니라 미 군정에서도 받아들이지 않았다. 따라서 그의 임정 중심의 정치 활동은 제약을 받게 되었다.

조소앙은 임정 중심의 활동이 여의치 않자 주로 한국독립당 명의로 활동하게 되었다. 환국 이후 조소앙은 한국독립당 부위원장으로서 위원장 김구와 함께 한국독립당 중심으로 반탁운동을 이끌었다. 그런데 모스크바에서 1945년 12월 말에 열린 미국, 영국, 소련의 3국 외무장관 회의에서 한국의 임시정부 수립을 위한 미소공동위원회를 설치하고 최고 5년간 미국, 소련, 영국, 중국 4개국이 신탁통치를 실시한다는 협의 사항이 알려지게 되었다. 조소앙은 귀국 이전부터 임정 외무부장으로서

환국 이후 대중연설을 하는 조소앙

한국의 즉시 독립을 주장하고 연합국 측의 국제공동관리에 반대했으며, 만약 그렇게 되면 독립운동을 했던 것과 똑같이 반대운동을 전개하겠다고 하였다. 그의 신탁통치 반대운동은 독립운동의 연장선에서 이루어진 일이었다.

조소앙은 해방 정국에서 한국인 스스로 주권을 행사해야 한다고 하면서 임정 중심의 과도 정권 수립 운동을 추진하였다. 그는 반탁운동 세력들이 비상국민회의를 국민의회로 개편하면서 독자적인 과도정권 수립 작업을 추진하자 이에 적극적으로 참여하였다. 그는 1947년 3월에 국민

「대한민국임시헌장」 채택 27주년 기념식(1946. 4. 11.)

의회 의장으로 성명을 발표하여 국민의회를 대한민국임시의정원이 보강되어 개편된 입법기관이라고 선언하였다. 그는 "국민의회는 대한민국의 유일한 역사적 입법기관이며 또 독립운동의 피 묻은 최고 기구"라고 하였다. 그는 국민의회를 대한민국 임시의정원을 대체하여 새로운 과도정부를 수립할 국회와 같은 존재로 파악하였다. 이것은 과도입법의원 구성을 통해 임시정부를 수립하려는 미 군정의 정책에 정면으로 맞서는 것이었다. 더 나아가 그는 한국의 자주적인 정부를 수립하기 위해서는 미군 철수 준비 작업도 추진해야 한다고 주장하였다. 그는 한 국가나 민족이 군사주권을 확립하지 못하면 민족자결이 그 내용을 박탈당하는 것이라고 보았다.

그는 1946년 12월에 한국독립당 산하에 삼균주의 청년동맹을 조직하고 위원장을 맡았다. 삼균주의 청년동맹은 한국독립당의 청년 조직으로서 과학적 노농문화의 건설, 빈민학회 조직, 빈민연맹 조직, 빈민조합 조직, 삼균주의 세계 실현 등 5개항의 실천 방침을 채택하였다. 그는 삼균주의의 의거한 새로운 독립국가 건설을 위해 빈민 청년의 조직화를 추진했던 것이다.

삼균주의 청년동맹 결성 당시의 조소앙

그리고 1948년 3월에는 삼균주의 학생동맹을 결성하였다. 삼균주의 학생동맹은 학생의 무식無識, 무력無力, 무산無産의 삼무三無를 혁파하자는 구호를 내세웠다. 즉 국비의무교육이라는 균등 교육을 통해 무식을 혁명하고, 권력의 균유均有를 통해 노농 계급의 무력을 혁명하며, 토지와 대생산기관의 국유를 통해 무산을 혁명할 것을 주장했다. 그는 학생을 삼균주의 혁명의 전위대로 삼고자 했다.

한국의 독립을 위한 절차를 협의하기 위해 조직된 미소공동위원회는 결국 미국과 소련의 의견 대립과 신탁통치 문제를 둘러싼 한국 정치 세력의 분열로 결렬되고 말았다. 이에 미국에서는 소련의 반대에도 불구

조소앙 회갑 기념(돈암동 자택에서, 1947. 4. 8.)

하고 1947년 9월에 한국 문제 처리를 국제연합으로 넘겼다. 국제연합
에서는 남북한 총선거를 통한 임시정부 수립을 결의하고 총선거 실시를
위해 유엔한국임시위원단을 한국에 파견하였다. 그러나 소련 당국이 유
엔 위원단의 입북을 거절함에 따라 남북한 총선거가 불가능하게 되었
다. 그러자 유엔에서는 1948년 2월에 선거가 가능한 남한 지역에서의
선거를 결의하였다.

 조소앙은 국제연합의 총선 실시를 통한 임시정부 수립 방안을 긍정적
으로 평가했다. 신탁통치를 거치지 않고 즉시 자주 독립된 통일 국가를
수립할 수 있는 기회로 생각했던 것이다. 그는 독립운동 과정에서 국제
연합을 구성하기 위한 샌프란시스코회의에 참가할 대표로 선정되었던
적이 있었다. 따라서 그는 국제연합에서 한국 문제가 논의되는 것은 한

민족이 삼균주의 이념에 의거하여 세계평화 실현에 기여할 수 있는 의지와 능력을 갖추었음을 보여줄 수 있는 기회로 적극적으로 활용하자고 주장하였다. 따라서 그는 남북한 총선거 실시를 가능하도록 만들기 위해서는 남북협상운동이 필요하다고 생각하였다. 이에 그는 좌우합작운동을 남북협상운동으로 확대하고자 했던 중도파 세력과 한국독립당과의 적극적인 협력을 모색하였다. 그러나 중도파 세력과의 제휴는 김구의 반대에 부딪쳐서 실현되지 못하였다. 이에 그는 정계은퇴 성명을 발표하였다.

조소앙의 기대와는 다르게 남북한 총선거가 불가능하게 되었고, 남한만의 선거가 실시되면서 남한과 북한에 정부가 각각 들어설 가능성이 높아지게 되었다. 이에 조소앙은 김구와 다시 협력하여 남한만의 단독 선거에 반대하고 남북협상운동에 참여하였다. 그는 미소공동위원회나 국제연합과 같은 국제기구가 통일된 독립국가의 건설을 수행하지 못하므로 이제는 민족이 주체가 되어 남북협상을 통해 통일 독립국가 건설이라는 과제를 완성해야 한다고 주장하였다. 그는 1948년 4월 19일에 평양으로 가서 남북협상에 참여하고 5월 5일에 서울로 돌아왔다. 서울에 온 직후 그는 남북협상에서 통일 정부 수립과 외국군 철수에 합의한 것은 한국의 여론을 환기했다는 점에서 의미 있는 성과였다고 평가하였다.

조소앙은 남한에서 실시된 총선거를 반대하고 참여하지 않았다. 그러나 그는 자신이 반대하고 불참한 선거이지만, 선거를 통한 국민의 주권 행사 결과에 대해서는 받아들여야 한다는 입장을 취했다. 그는 자신이 이끄는 삼균주의 청년동맹을 통해 총선거 당일에 '균청의 한국정치정세에 대한 결정서'와 '남북회담에 관한 결정서'를 발표하였다. 그는 삼균주의 청년동맹은 미국과 소련의 양 군정 시기에 남북 양쪽에 단독 정부가 수립되는 것은 과도기의 현상이라고 하면서 쌍방의 대립된 이념을 삼균주의로 통일하여 독립, 민주, 균등을 실현한 정식 정부로 발전시켜야 한다고 하였다. 또한 그는 남북통일운동은 이제 집행 능력과 자유의사를 구비한 양방 대표로 새롭게 추진되어야 한다고 주장하였다.

조소앙은 1948년 7월에 남북통일운동에 대한 기자들의 질문에 답하면서 5·10총선거에 의해 수립된 대한민국 정부를 지지하며, 앞으로의 남북통일운동은 이전과는 다른 형태가 되어야 한다고 주장하였다. 말하자면 그는 5·10총선거를 남한 주민의 민주주의적 주권 행사로 인정하고 그에 의해 수립된 대한민국 정부를 인정한 것이었다. 따라서 그는 김구와 김규식 중심으로 추진된 통일독립촉진회의 남북통일운동에는 참여하지 않았다.

대한민국 정부 수립 후 사회당을 결성하다

제헌국회가 1948년 7월에 개원되자 무소속구락부 소속 국회의원 100명이 조소앙을 국무총리로 임명할 것을 대통령에게 건의하였다. 그러나 이승만 대통령은 조소앙의 국무총리 임명을 거부하였다. 그는 조소앙과는 대학시절부터 친분이 있으며, 조소앙이 대한민국임시정부 외무부장을 지낼 때는 서신 교환을 하면서 의견이 일치했고, 귀국 이후에도 반탁운동을 함께 했음을 이야기했다. 이런 활동을 통해 이승만은 조소앙을

신뢰하고 존경하게 되었는데, 그가 남한의
총선거를 거부하면서 우익 진영에 많은 혼
란이 초래되고 그에 대한 신뢰가 크게 흔들
렸다고 하였다. 이러한 이유로 조소앙을 국
무총리로 임명할 수 없다고 하였다.

만년의 조소앙

조소앙은 1948년 8월 15일에 대한민국
정부가 수립되자 대한민국 정부를 지지하
는 입장을 확고히 하였다. 그는 9월 15일에
열린 한국독립당 상무위원회에서 남북 양쪽에 단독 정부가 수립된 것을
'남북통일의 과정'으로 보아야 한다고 주장하였다. 그는 한국독립당이
대한민국 정부를 인정하고 야당으로 활동하면서 통일운동을 전개해야
한다고 주장하였다.

그는 자신의 의견이 한국독립당의 정책으로 채택되지 못하자 한국
독립당을 탈당하고 1948년 9월 25일에 신당 발기 취지서를 발표하고
10월 11일에는 성명서를 발표하여 이미 선거가 끝난 현시점에서 한국독
립당의 삼균주의 건국강령과 당면 정책을 실시하기 위해서는 입법기관
에 발언권을 사용하는 단계를 통해서만 가능하다고 하면서 새로운 조직
의 필요성을 주장하였다.

조소앙은 한국독립당을 탈당한 뒤 안재홍安在鴻(1891~1965), 명제세明
濟世 등과 함께 사회당 결성을 추진하여 1948년 12월 1일에 백홍균白泓
均, 조시원, 양우조楊宇朝(1897~1964) 등과 함께 사회당을 정식으로 결성
하고 당수로 취임하였다. 그는 '사회당 결당대회 선언서'에서 한국 민중

마니산 참성단 답사(1949)   왼쪽에서 세 번째가 조소앙, 그 오른쪽 옆이 안재홍이다.

의 요구를 다음과 같이 요약하였다.

우리 민중은 무산계급 독재도 자본주의 특권계급의 사이비적 민주주의
정치도 원하는 바가 아니요, 오직 대한민국의 헌법에 제정된 균등사회의
완전 실현만을 갈구할 뿐이다. 이것은 인류의 이상이 지향하는 정상적 요
구이며 그 실현을 촉진함은 우리 민족에게 부여된 민족적 최대 과업이다.

이렇듯 그는 대한민국의 제헌헌법에 규정된 균등사회의 이념에서 사
회당의 창립 근거를 찾았다. 말하자면 그는 삼균주의에 기초한 건국강
령의 기본 이념이 대한민국의 헌법에 반영되었다고 보았고, 따라서 사
회당 결성을 통해 의회에서의 입법 활동을 하면서 삼균주의 이념을 실

현하고자 하였다. 이러한 삼균주의의 실천은 소련식의 무산계급 독재나 미국식의 특권계급의 사이비 민주주의가 아니라 한국인에 적합한 신민주주의 실현을 지향하는 것이었다. 따라서 그는 "대한민국의 자주독립과 남북통일을 완성하고 정치, 경제, 교육상 완전한 균등사회 건설에 매진할 것을 전 민족 앞에 정중히 선언한다"고 하였다. 이후 사회당에서는 유엔을 통한 남북통일운동 전개, 지방자치제 실시, 토지개혁 실시 등의 정책을 내세웠으나 의회 내에서의 활동이 불가능했기 때문에 뚜렷한 성과를 거두지는 못했다.

조소앙은 사회당 소속으로 1950년 5월 30일에 제2대 국회의원 선거에 출마하였다. 성북구에서 출마하여 조병옥趙炳玉(1894~1960)을 누르고 전국 최다 득표로 당선되었다. 그러나 조소앙이 이끄는 사회당은 조소앙과 친동생 조시원을 국회의원으로 배출하는 데 머물렀다. 2대 국회에서의 입법 활동을 통해 삼균주의를 실현하려는 그의 계획은 6·25전쟁으로 중단되었다. 그는 6·25전쟁 중에 북한으로 납북된 후에도 납북 인사들을 중심으로 삼균주의에 의거한 통일운동을 계속하다가 평양에서 1958년 9월에 작고하였다. 조소앙은 평양에서 동지들에게 다음과 같은 유언을 남긴 것으로 전해지고 있다.

독립과 통일의 제단에 나를 바쳤다고 후세에 전해다오.
삼균주의 노선의 계승자도 보지 못하고 갈 것 같아 못내 아쉽구나.
그 이념과 사상을 후세에 전해 줄 것을 바라오.

평양 신미리 애국열사릉에 있는
조소앙 묘비

조소앙은 1910년 전후 나라가 멸망해 갈 때 일본 유학생으로서 종교와 철학 연구에 몰두하면서 한국의 독립과 민중의 구제를 위해 희생하는 삶을 자신의 천명으로 받아들였다. 이후 그는 한국의 통일 독립과 균등사회의 실현을 위해 일관된 삶을 살았다. 그는 일생 동안 여러 단체에 참여하여 독립운동을 수행하였고, 여러 사상과 이념을 받아들였다. 그러나 그는 한민족의 통일적 독립운동을 추진하기 위해서는 한국의 역사와 문화 전통에 적합한 독자적인 지도 이념이 필요하다고 생각하였다. 이를 위해 그는 균등을 핵심으로 하는 삼균주의 이념을 제창했으며, 삼균주의를 구체화하고 실현하는 데 헌신하였다. 그 결과 그는 한국 독립운동의 사상과 철학을 정립하고 체계화하고, 대한민국이 민주공화국으로서 균등사회를 지향한다는 헌법의 기본 방향을 제시하는 업적을 남겼다.

조소앙은 일제의 침략으로 고통을 받거나 납북되어 고초를 겪는 상황에서도 민족과 국가를 위한 자신의 일관된 가치를 끝까지 견지하였다. 이에 그의 독립과 통일 운동은 남북한 양쪽에서 높은 평가를 받았다. 북한에서는 그의 유해를 평양시 교외에 있는 애국열사릉에 모셨고, 1990년에 조국통일상을 수여하였다. 대한민국 정부에서는 독립운동에 대한 공로를 평가하여 1989년에 건국훈장 대한민국장을 추서하였다.

양반 가문에서 태어나 성균관에서 정통 유학 교육을 받았던 조소앙은 한국의 근대적 개혁 지도자가 되고자 일본에 유학하였다. 그러나 일본에서 법학을 공부하던 중 일본이 한국의 국권을 강탈하였다. 이제 일본은 근대 개혁의 모델이 아니라 물리쳐야 할 적이 되었다. 적의 나라에서 적의 학문을 공부해야 하는 처지는 그로 하여금 민족과 국가 문제뿐만 아니라 그 자신과 세계의 존재 의미에 대해서도 궁극적인 질문을 던지게 하였다. 여기서 그는 공자, 예수, 석가와 같은 성현을 만나고 우주와 인간에 대한 근원적 성찰의 시간을 가졌다. 결국 그는 한국의 독립과 민중의 구제를 하늘의 사명으로 받아들이고, 독립운동이라는 고통과 희생의 길을 선택하였다. 이에 따라 그는 유학 시절부터 일본 관헌의 감시 속에서도 일본 유학생 단체를 이끌면서 '합방' 반대운동을 전개하였다.

1910년대 조소앙은 종교와 사상의 조화와 통합에서 자신과 민족 문제의 해결책을 찾았다. 민족과 민족, 국가와 국가 사이의 전쟁이 일어나고 강대국이 약소민족을 식민지로 지배하는 제국주의는 기본적으로 하늘의 뜻과 인류의 보편적 도덕에 반대되는 것으로 보았다. 제국주의적 침략과 식민 지배의 타파를 통한 한민족의 독립과 해방은 신의 뜻을 따르는 도덕적 실천을 통해 가능하다고 본 것이다. 게다가 현실적으로 국가와 국토와 국권을 빼앗겨 인간적 생존이 불가능한 한국인이 제국주의의 어둠을 걷어 내고 새로운 미래를 찾고 가꿀 수 있는 자원은 정신과 마음밖에 없다고 생각하였다. 그는 이러한 생각에서 중국에서 1915년에 대종교, 유교, 불교, 기독교, 이슬람교, 서양철학 등 6개의 종교와 철학을 통합한 '일신교'를 제창하였다. 그는 단군, 공자, 불교, 예수, 마호메트, 소크라테스 육성六聖의 가르침을 따르는 종교적 생활로 고난과 어둠의 시기를 이겨내고자 하였다.

그러나 1917년에 러시아혁명이 일어나고, 1918년에는 제1차 세계대전이 종결되면서 세계사의 새로운 변화가 발생하였다. 이러한 변화 속에서 그는 「대동단결의 선언」을 통해 국민주권주의에 의한 임시정부 수립을 촉구하였다. 그리고 3·1운동 이후 대한민국임시정부 수립에 참여하여 「대한민국임시헌장」을 기초하였다. 또한 그는 민족자결주의와 사회주의가 전파되면서 약소민족 독립의 가능성이 높아지고 있는 것에 주목하였고, 3·1운동을 통해 민중의 존재를 깨닫게 되었다. 그의 사고는 점차 '종교'로부터 민중의 역량을 동원할 수 있는 사상이나 '주의'로 바뀌어갔다.

대한민국임시정부 수립 이후 유럽으로 갔던 그는 사회당을 만들고 사회주의를 내세우면서 유럽의 사회주의 단체와 지도자들을 대상으로 독립 외교를 전개하여 지지와 성원을 이끌어내는 성과를 거두었다. 이 시기 그의 사회주의는 종교적 성격이 농후한 것으로 일신교적 사고 속에서 사회주의를 수용하고 있는 모습을 보여준다. 이후 그는 소련을 방문하여 공산주의 혁명 현장을 견학한 후 중국으로 돌아왔다.

1920년대 초반 그의 독립운동 이념은 무정부주의였다. 그는 무정부주의 수용을 통해 독립운동의 이념과 방법을 구체화하였다. 그는 한살림이라는 독립운동 정당을 조직하였으며, 「발해경」을 저술하여 의열투쟁의 용기와 철학을 정립하였다. 김상옥의 의열투쟁은 한살림의 대표적 독립운동 사례였다. 무정부주의 사상 수용을 통해 그는 '평등'을 독립운동의 핵심 가치로 삼게 되었다.

그는 무정부 공산사회와 세계일가의 평화 실현을 추구하였으나 그것은 독립국가 실현 후의 일이었다. 침략 전쟁을 부인하고 일체의 권력적 지배를 부인하였으나 약소민족의 독립전쟁과 독립국가 건설은 무정부주의에 어긋나지 않는다고 보았다. 그의 무정부주의 사상은 대한민국임시정부를 중심으로 한 그의 독립운동과 모순되지 않았다. 독립국가건설 운동은 무정부적 평등사회를 건설하기 위해 필수적으로 거쳐야 하는 단계로 인식되었다.

따라서 그는 대한민국임시정부의 외무부장으로서 임정을 부인하는 국민대표회의에 반대하고 임정을 수호하는 입장을 취하였다. 그러나 그는 이승만 대통령이 1925년에 탄핵된 이후 이승만 대통령의 체제 복원 운동을 추진하면서 임정과 일정한 거리를 두었다.

1920년대 중반 이후 중국 관내에서는 좌우익의 세력을 통합한 민족유일당을 결성하기 위한 운동이 전개되었다. 이 과정에서 좌우익의 이념을 통합하는 새로운 지도 이념에 대한 필요성이 제기되었다. 조소앙은 민족유일당 운동에 참여하여 민족주의를 기본으로 하면서 사회주의를 포괄하는 새로운 독립운동의 지도 이념으로 삼균주의를 구상하게 되었다. 삼균주의는 '균등' 혹은 '평등'을 정치, 경제, 교육의 세 분야에서, 그리고 개인과 개인, 민족과 민족, 국가와 국가 사이의 세 단계에서도 실현함으로써 민족의 독립과 세계 평화를 달성하는 것을 목표로 삼는 것이었다.

민족유일당 운동은 소기의 결실을 보지 못하여 좌우익은 제각기 독립운동 정당을 결성하는 방향으로 나아갔다. 이후 그는 우익 민족주의 계열의 독립운동 정당 결성 작업에 참여하였다. 그가 기초한 삼균주의는 대한민국임시정부를 뒷받침하기 위해 1930년 1월에 조직한 한국독립당에서 처음으로 지도 이념으로 채택되었다. 이후 삼균주의는 그가 참여하지 않은 독립운동 정당들의 정강과 정책에도 반영되었다.

조소앙은 1930년대에 다시 추진된 민족유일당 운동에 참가하였다. 그리고 1935년에 한국독립당을 해체하고 대한민국임시정부에 대해 비판적이었던 민족혁명당에 참가하였다. 그러나 곧바로 민족혁명당을 탈당하고 한국독립당을 재건하였다. 이러한 좌충우돌의 행보로 그는 일시 독립운동 진영에서 고립되었으며, 임정과도 멀어지게 되었다. 이러한 정치적 고립으로 그는 사상적 자유를 얻게 되어 삼균주의의 철학적 기초를 마련하는 등 그 내용과 체계를 보다 구체화하였다.

1940년대에는 대한민국임시정부 지지를 표방하면서 재조직된 통합 한국독립당에 참여하였다. 그는 임시정부 국무위원으로 복귀한 뒤에 대한민국 건국의 기본적 골격과 실천 계획을 짜는 역할을 담당하였다. 그는 1941년에 삼균주의를 반영한 「대한민국건국강령」을 기초하여 임정 국무위원회에서 공식적으로 채택되도록 하였을 뿐만 아니라 1944년에 제정한 「대한민국임시헌장」도 기초하였다. 이로써 그가 제시한 삼균주의는 광복 이후 대한민국을 건설할 구체적 정책을 수립하는 기본적 바탕이 되었다.

그는 1939년부터 1945년 해방 때까지 대한민국임시정부에서 약 6년간 외무부장을 맡아 임정의 독립 외교를 총괄하였다. 그는 광복군을 창설한 이후 중국과 교섭하여 지원을 이끌어 냈다. 나아가 광복군의 자주권을 부인하는 이른바 '9개준승'을 폐기하고 한국과 중국의 대등한 군사협정을 체결하는 성과를 거두었다. 이를 통해 임정은 군사적 주권을 회복하였으며, 중국으로부터 임정의 실질적인 승인을 다시 확인하게 되었다. 조소앙은 중국국민당 정부를 통해 임정 승인 외교를 통해 전후 한국의 독립을 국제적으로 보장받기 위해 활발한 외교 활동을 전개하였다. 그 결과 카이로회담에서 전후 한국의 독립을 보장받는 성과를 거두었다. 그러나 즉시 독립이 아니라 '적당한 시기' 혹은 '적당한 절차'라는 조건부 독립이었기 때문에 그의 독립 외교는 국제공동관리라는 조건을 비판하고 철회시키는 데 모아졌다.

해방 이후 한반도에서 미국과 소련에 의한 군정이 실시되었고, 양국 사이에 일정 기간의 신탁통치를 거친 임시정부 수립이 추진되었다. 이에 그는 대한민국임시정부를 중심으로 한 국가건설운동을 전개하여 미군정과 충돌하였다. 그는 1948년을 전후한 시기에 단독 선거와 단독 정부 수립을 반대하면서 남북협상운동을 추진하였다. 그러나 1948년 8월

15일에 대한민국 정부가 수립되자, 민주주의 원칙에 의거하여 수립된 정부임을 인정하고 사회당이라는 야당을 결성하였다. 이는 의회주의에 의거하여 삼균주의 국가건설을 추구한 것이었다. 이후 조소앙은 6·25전쟁 때 납북되었고, 평양에서 1958년에 의롭고 숭고한 삶을 마쳤다.

조소앙이 제시한 삼균주의는 독립운동의 역사 속에서 이념과 정파적 대립으로 인한 갈등을 해소하고 민족의 역량의 결집을 통해 자주적인 통일 민족국가를 건설하기 위한 이론이었다. 삼균주의는 조소앙 개인의 사상적 발전의 결과인 동시에 한국 독립운동의 전체적 발전 과정 속에서 만들어진 것이었다. 그것은 한국 독립운동의 이념과 방법의 차이를 극복하기 위한 공통적인 지향과 가치를 추출하려는 노력의 결실이었다. 이러한 이유로 삼균주의는 한국독립당을 비롯한 중국 관내 여러 독립운동 정당의 지도 이념으로 채택되었고, 마침내 대한민국임시정부의 건국 강령에 반영되기에 이르렀다. 따라서 삼균주의는 이념적 대립과 남북 분단을 극복하고 통일 한국의 미래를 전망하기 위해서는 반드시 참조해야 할 독립운동의 소중한 자산이라고 할 수 있다.

1887	4월 8일(음) 경기도 교하군(현 파주시) 월롱면에서 부친 조정규와 모친 박필양의 6남 1녀 중 차남으로 출생. 본관은 함안, 본명은 용은, 자는 경중敬仲, 호는 아은, 소해, 소앙, 한살림, 아나가야후인 등 여러 개를 사용함
1892	할아버지로부터 한학을 배우기 시작함. 성균관 입학 전까지 사서오경과 제자백가서를 두루 섭렵함
1902	성균관 경학과에 입학하여 유학을 본격적으로 배우면서, 한국사와 한국지리는 물론 세계사와 세계 지리, 산술, 작문 등도 함께 수학함
1903	정부에서 황무지 개간권을 일본에 넘기려 하자 신채호 등과 함께 성균관 유생들의 반대운동에 참여함
1904	10월 성균관 경학과를 그만두고 황실특파유학생으로 선발되어 서울을 떠나 인천, 시모노세키 등을 거쳐 도쿄에 도착함 11월 도쿄부립제일중학교 입학
1905	도쿄부립제일중학교 교장의 민족차별 발언에 항의하여 학생들의 동맹파업에 동참하고 기숙사를 나옴
1906	1월 최린 등과 함께 메이지대학에 입학함 3월 메이지대학을 퇴학하고 도쿄부립제일중학교에 복학
1907	3월 도쿄부립제일중학교 졸업 11월 정칙영어학교에 입학하여 대학 입학을 준비함
1908	3월 메이지대학 고등예과 입학. 관비유학생 단체인 공수학회 평의

원 및 공수학보 편집위원으로 활동함

1909	1월 대한흥학회 창립에 참여. 이후 편찬부장, 총무 등 간부로 활동 9월 메이지대학 법학부 본과에 입학함
1910	7월 교회에 다니기 시작 8월 대한흥학회 총무로서 대한흥학회의 '합방' 반대운동을 주도. 일본 경찰에 연행되어 조사를 받았으며 풀려난 이후에도 일본 경찰의 미행과 감시를 당함. 종교와 철학 관련 서적 집중적으로 독서하며 가치관 확립에 힘씀
1911	10월 서원보, 전덕기 목사로부터 세례 받음
1912	7월 메이지대학 법학과 졸업시험 응시 직후 곧바로 귀국함 귀국한 이후 경신학교와 양정의숙 등에서 교사로 활동함
1913	중국 상하이로 망명. 상하이에서 신규식, 박은식, 신채호 등과 함께 동제사에 가입했으며, 박달학원에서 교사로 활동. 이슬람교 등 세계의 종교와 철학에 대해 탐구함
1914	1월 단군, 공자, 석가, 예수, 소크라테스, 마호메트 등 6명의 성현을 일신一神의 여섯 아들로 보고 그들의 가르침을 믿고 실천하는 '일신교'를 제창함
1915	2월 '일신교'의 내용을 세상에 알리는 「학지광에 기함」이라는 글을 재일본 조선유학생학우회 기관지 『학지광』에 발표
1916	국내로 돌아와 질병으로 6개월간 치료. 퇴원 후 다시 상하이로 망명
1917	7월 상하이에서 신규식, 박용만 등과 함께 독립운동의 통일적 지도기관의 조직을 촉구하는 '대동단결의 선언'에 참여하여 선언문을 기초함. 이 선언문에서 국민주권주의에 입각한 새로운 임시정부를 수립하기 위한 이론적 기초를 마련함
1919	2월(음) 지린에서 여준 등과 함께 대한독립의군부를 조직하고 부령

을 맡음. 해외 독립운동자 39인의 명의로 발표된 '대한독립선언서'
기초함

4월 지린에서 3·1운동 소식을 듣고 상하이로 가서 대한민국임시정
부 수립에 참여함

5월 파리강화회의 참석을 위해 유럽으로 건너감. 유럽에서 사회당
명의로 『적자보』를 창간하고 유럽의 사회주의 단체와 지도자들을
대상으로 독립 외교 활동을 전개함

8월 스위스 루체른에서 개최된 만국사회당대회에 사회당 대표 자격
으로 참여하여 한국 독립 승인 결의안을 이끌어 내었으며, 이어서
네덜란드의 암스테르담에서 개최된 만국사회당 집행위원회에 참석
하여 한국의 독립 승인과 국제인민연맹회에 한국의 독립 문제를 제
출하는 결의안을 이끌어냄

1920   4월 영국으로 건너가 영국 노동당의 주요 인사들을 만나 한국의 독
립 승인을 호소함. 이후 영국을 떠나 덴마크, 리투아니아, 에스토니
아 등지를 거쳐 10월 소련의 페테르부르크에도 도착하여 혁명당 본
부를 방문하고 11월 혁명 기념대회에 참가하여 연설함

12월 8개국 대표 25인으로 구성된 시찰단의 일원이 되어 약 2개월
간 각지를 돌아다니면서 소련의 공산주의 혁명 과정 견학함

1921   2월 모스크바에 도착하여 3월 초에 개최된 공산당대회에 참관함

3월 말 모스크바를 떠나 이르쿠츠크와 치타를 거쳐 5월 중국의 베이
징北京으로 돌아옴

1922   1월 중국 국민당 간부 장즈의 초청으로 상하이로 옴

2~3월 「발해경」을 저술함

5~6월 무정부주의 독립운동 정당인 한살림을 조직하고, 「한살림
요령」을 집필하여 정강과 정책을 제시함. 대한민국임시의정원 경기

출신 대의원으로 피선되고 임시정부 외무총장에 선임됨

1923   1월 국민대표회의가 개최되자 이에 반대하고 임시정부를 지지하는
        입장을 취함

1924   4월 이동녕 내각에서도 외무총장이 되었으나 12월에 사임함

1925   1월 「열사김상옥전」, 「발해경」, 「한살임요령」을 묶어 『김상옥전』
        출간. 김상옥의 종로경찰서 투탄 의거가 한살림 당과 관련이 있었음
        을 세상에 알림
        5월 이승만 대통령이 탄핵된 뒤, 이승만 대통령 체제 복원을 위한
        다양한 방안을 모색함

1926   8월 임정 홍진 내각에서 외무장으로 피선되었으나 취임하지 않음

1927   3월 한국유일독립당상해촉성회가 조직되자 이에 참여함
        11월 상하이에서 개최된 '한국독립당관내촉성연합회'에 이동녕, 홍
        진, 김두봉 등과 함께 상하이 측 대표로 참석. 연합회에서 15인 집행
        위원 중 1인으로 선정됨. 민족유일당운동을 추진하는 과정에서 삼
        균주의를 구상함

1928   난징에서 한국의 역대의 좋은 글을 모아 편집한 『한국문원』을 저술함

1929   「광주학생운동동의 진상」을 집필하여 『소앙집』과 합본함

1930   1월 안창호, 이동녕, 김구 등과 함께 임시정부를 지지하기 위한 한
        국독립당 결성. 한국독립당의 당의, 당강, 당책을 기초함. 정치, 경
        제, 교육의 균등, 민족과 민족, 국가와 국가의 균등을 통해 세계일가
        를 실현한다는 삼균주의를 독립운동의 이념으로 제시함
        4월 「한국현상과 그 혁명 추세」를 집필함

1931   1월 「한국독립당의 근상」을 집필하여 삼균주의에 의거한 현실 분석
        과 독립운동 방법론 및 과제를 정립함

1932   이봉창 의거와 윤봉길 의거로 상하이에서의 활동이 어렵게 되자 항

저우로 옮겨 활동함. 『유방집遺芳集』을 집필하고 『소앙집』(상, 중 편)을 간행함

10월 한국독립당, 한국광복동지회, 조선혁명당, 한국혁명당, 조선의열단이 연합하여 한국대일전선통일동맹을 조직하자 이에 참여함

1934	1월 임시정부 국무위원으로 선임되어 내무장을 맡음. 한국독립당의 내무장과 총무장을 겸함. 『진광』 발행을 주관함
1935	7월 한국독립당, 조선혁명당, 의열단, 신한독립당, 대한독립당 5개 단체가 한국대일전선통일동맹을 해체하고 민족단일당으로 조선민족혁명당을 창립하자 이에 참여함
	9월 민족혁명당을 탈당하고 한국독립당 재건을 선언함. 「고당원동지」를 발표하여 독립당과 공산당의 차이를 설명하면서 탈당 이유와 독립당 재건의 필요성 밝힘
1936	재건 한국독립당의 지도 이념을 삼균주의라는 용어와 개념으로 설명하는 문건을 작성하면서 삼균주의를 구체화함
1937	8월 김구의 한국국민당, 이청천의 조선혁명당, 미주 지역의 단체들이 연합하여 한국광복운동단체연합회를 결성하자 한국독립당 재건파를 이끌고 이에 참여함
	10월 광복운동단체연합회 선전위원회에 참여하여 창립선언문 기초
1939	8월 한국독립당 재건파를 이끌고 '7당통일회의'에 참가함
	9월 전국연합진선협회 결성에 참여하였으며 '5당통일회의'에도 참여
	10월 대한민국임시의정원 경기도 의원으로 선정되었으며, 임정 외무장을 맡음. 이후 광복 때까지 임정 외무장을 역임함
1940	5월 한국독립당 재건파를 이끌고 김구의 한국국민당, 이청천의 조선혁명당과 통합하여 통합 한국독립당 조직함. 삼균주의에 의거하여 한국독립당의 당의, 당강, 당책을 기초함

8월 한국광복군총사령부가 조직되자 정훈처장을 맡음

1941 5월 한국독립당 제1차 전당대표대회 선언에서 삼균주의 건국강령을 제시함

11월 「대한민국건국강령」을 기초하여 임정 국무위원회에서 공식적으로 채택하도록 함

12월 임정 외무부장으로 대일선전성명서를 발표함

1942 10월 한국과 중국의 주요 인사들로 구성된 한중문화협회를 창립하고 부이사장을 맡음. 한중문화협회에서 임정 승인을 위한 여론을 조성하여 중국 국민당 정부에 영향력을 행사하도록 함

11월 의정원에서 구성한 약헌개정위원회 위원장이 되어 약헌 개정을 주관함. 약헌개정위원회는 1943년 6월까지 22차에 걸쳐 회의를 진행함

1943 1월 임정 국무위원회에서 김규식 등과 함께 '한국광복군행동9개준승'을 대체할 '한중호조군사협정초안'을 기초함

2월 전후 한국의 국제 공동 관리를 반대한다는 성명서를 중국의 『대공보』에 발표함

4월 한국독립당 전당대표대회에서 중앙집행위원회 위원장에 선정

7월 김구 주석 등과 함께 중국 국민당 장제스를 만나 11월에 개최될 카이로회담에서 전후 한국의 독립을 결의해 달라는 요청을 하고 승낙을 받아냄

1944 4월 약헌개수위원회 위원장으로 새롭게 기초한 「대한민국임시헌장」이 정식 공포됨

8월 중국 국민당 측과 교섭하여 '광복군9개준승'을 폐지하도록 함

10월 최동오, 유림, 강홍주, 손두환 등과 함께 건국강령수개위원회 위원으로 활동함

1945	2월 대독일 선전포고를 하고 4월에 개최될 샌프란시스코회의에 대표로 참가하기 위해 노력했으나 주중국 미국대사관에서 비자를 내주지 않아 참가하지 못함

1945   2월 대독일 선전포고를 하고 4월에 개최될 샌프란시스코회의에 대표로 참가하기 위해 노력했으나 주중국 미국대사관에서 비자를 내주지 않아 참가하지 못함

4월 중국 국민당 측으로부터 '원조한국광복군판법'을 교부받아 광복군을 임정 산하로 편제함으로써 군사주권을 회복하도록 함

7월 한국독립당 부위원장에 선정됨

12월 임정 요인들과 함께 환국함

1946   반탁운동을 전개하기 위해 조직된 비상국민회의에 참여. 환국 후 재조직된 한국독립당 부위원장에 선정됨

12월 조시원 등과 함께 삼균주의청년동맹을 결성함

1947   3월 국민의회 의장으로 성명을 발표하여 미 군정의 과도입법의원에 반대하며 자주적인 국가건설운동의 필요성을 역설함

1948   1월 국민의회와 한국민족대표자대회의 통합대회에서 의장으로 선정

3월 삼균주의학생동맹을 결성함

4월 평양으로 가서 남북협상에 참가함

10월 대한민국 정부 수립의 정당성을 주장하면서 한국독립당 탈당

12월 백홍균, 조시원, 양우조 등과 함께 사회당을 결성하고 당수 취임

1950   5월 제2대 국회의원 선거에서 성북국에 출마하여 전국 최다 득표로 당선됨

6월 6·25전쟁 시기 납북됨

1955   납북인사들과 함께 한국독립당 재건을 추진함

1956   재북평화통일촉진협의회 상무위원, 집행위원, 최고위원으로 활동함

협의회 강령 중에는 자본주의도 사회주의도 아닌 모두가 균등한 진보적 민주사회를 건설한다고 함으로써 삼균주의가 반영되어 있음

1958   9월 10일 삼균주의 계승을 유언으로 남기고 영면함

┌ 참고문헌

자료

- 『적자보』2호, 사회당, 파리, 1919. 12. (독립기념관 소장).

단행본

- 강만길 편, 『조소앙』, 한길사, 1982.
- 강만길, 『조선민족혁명당과 통일전선』, 화평사, 1991.
- 국사편찬위원회, 『대한민국임시정부 자료집』2~5(임시의정원 1~4), 2005.
- 국학진흥사업추진위원회 편, 『한국독립운동사자료집 – 조소앙 편』(1~4), 한국정신문화연구원, 1995~1997.
- 김광재, 『한국광복군』, 독립기념관 한국독립운동사연구소, 2007.
- 김기승, 『조소앙이 꿈꾼 세계 – 육성교에서 삼균주의까지』, 지영사, 2003.
- 김희곤, 『대한민국임시정부연구』, 지식산업사, 2004.
- 김희곤, 『대한민국임시정부 1 – 상해시기』, 독립기념관 한국독립운동사연구소, 2008.
- 노경채, 『한국독립당연구』, 신서원, 1996.
- 삼균학회, 『소앙선생문집』(상, 하), 횃불사, 1979.
- 신주백, 『1930년대 중국 관내지역 정당통일운동』, 독립기념관 한국독립운동사연구소, 2009.
- 유영익, 송병기 외, 『이승만 동문 서한집』, 연세대학교 출판부, 2009.
- 이현주, 『1920년대 재중 항일세력의 통일운동』, 독립기념관 한국독립운동사

연구소, 2009.

- 정원택, 『지산외유일지』, 탐구당, 1983.
- 한상도, 『대한민국임시정부 2 – 장정시기』, 독립기념관 한국독립운동사연구소, 2008.
- 한시준 편, 『대한민국임시정부 법령집』, 국가보훈처, 1999.
- 한시준, 『대한민국임시정부 3 – 중경시기』, 독립기념관 한국독립운동사연구소, 2009.
- 홍선희, 『삼균주의 연구』, 한길사, 1982.

논문

- 권석영, 「정체와 문체, 대한민국임시정부의 언어정치학과 조소앙–한문자의 맹세, 조소앙의 선언, 성명, 강령 집필과 '한국문원'을 중심으로」, 『사림』 45, 2013.
- 김기승, 「해방 후 조소앙의 국가건설운동」, 『한국민족운동사연구』 39, 2004.
- 김기승, 「일본 유학을 통한 조소앙의 근대 체험」, 『한국민족운동사연구』 47, 2006.
- 김기승, 「조소앙의 독립운동과 삼균주의」, 『한국사시민강좌』 47, 2010.
- 김인식, 「조소앙의 삼균주의와 민족혁명론」, 『한국인물사연구』 16, 2011.
- 노경채, 「8.15 후 조소앙의 정치활동과 그 노선」, 『사총』 50, 1999.
- 신용하, 「조소앙의 통일사상으로서의 삼균주의」, 『삼균주의연구논집』 22, 2001.
- 이상익, 「조소앙 삼균주의의 사상적 토대와 이념적 성격」, 『한국철학논집』 30, 2010.
- 조동걸, 「조소앙의 삼균주의와 사회민주주의 사상의 형성」, 『삼균주의연구논집』 21, 2000.

- 한시준, 「조소앙 연구 – 독립운동을 중심으로」, 『사학지』 18, 1984.
- 한시준, 「조소앙의 민족문제에 대한 인식」, 『한국근현대사연구』 5, 1996.
- 한시준, 「조소앙의 삼균주의」, 『한국사시민강좌』 10, 1992.
- 한시준, 「조소앙의 저술 '소앙집' 분석」, 『삼균주의연구논집』 28, 2007.
- 한시준, 「조소앙의 소앙집 간행과 역사관」, 『사학지』 42, 2011.

ㅈ

대한민국임시정부의 이론가 조소앙

1판 1쇄 인쇄 2015년 12월 10일
1판 1쇄 발행 2015년 12월 20일

글쓴이   김기승
기   획   독립기념관 한국독립운동사연구소
펴낸이   윤주경
펴낸곳   역사공간
            주소: 서울특별시 마포구 동교로 142-11 플러스빌딩 3층
            전화: 02-725-8806, 팩스: 02-725-8801
            E-mail: jhs8807@hanmail.net
            등록: 2003년 7월 22일 제6-510호

ISBN 979-11-5707-076-3 03900

역사공간이 펴내는 '한국의 독립운동가들'

독립기념관은 독립운동사 대중화를 위해 향후 10년간 100명의 독립운동가를 선정하여,
그들의 삶과 자취를 조명하는 열전을 기획하고 있다.